Pferde schulen an der Hand
Wege zum Lösen und Versammeln

Richard Hinrichs

Pferde schulen an der Hand

Wege zum Lösen und Versammeln

Kosmos

Vorbereitung auf die Capriole.

Vorwort

Mit der dem Pferd gewidmeten vermehrten geistigen Zuwendung des Menschen wurde die Reitkunst geboren. Reichte bis zu diesem Zeitpunkt eine bescheidene Mechanik, um das Pferd zum Jagd- oder Kampfgefährten werden zu lassen, verlangt Reitkunst einen weit höheren menschlichen Einsatz – um auch die Psyche dieses Gefährten dem Menschen dienstbar zu machen.

Wie in vielen anderen Künsten waren diese Fähigkeiten Menschen vorbehalten, die mit einem besonderen Einfühlungsvermögen ausgestattet waren und denen es gelang, den Weg zur Psyche des Pferdes zu finden.

Ihnen verdanken wir, daß wir heute im Besitz jener kostbaren Sammlung von Verständigungsmöglichkeiten sind, die wir fälschlicherweise Hilfen nennen, die aber allein imstande sind die Sprache zu ersetzen. Je besser sich der Mensch mit dem Pferd verständigen kann, desto ausgeprägter wird sein Künstlertum und um so ausdrucksvoller wird seine Zusammenarbeit zur Symbiose werden.

Hätte es im Laufe der Jahrhunderte diese begnadeten Menschen nicht gegeben, die diesen Schatz erprobt und an uns weitergegeben haben, wäre es heute um die Ausbildung des Pferdes schlecht bestellt, weil unsere Generation zwar die Technik auf allen Gebieten beherrscht, aber auf dem Gebiet der Verständigungsmöglichkeiten mit dem Pferd keinen Schritt weitergekommen ist. Richard Hinrichs hat mit seinem Buch „Pferde schulen an der Hand“ in einer besonders dem Autodidakten hilfreichen Form den Weg bis zum höchsten Ziel aufgezeigt und sich dabei auch der „Schulen über der Erde“ wie Levade, Courbette und Capriole angenommen. Letztere findet man heute kaum noch in einem anderen Lehrbuch. Man muß dem Verfasser schlicht und einfach dankbar sein, daß er diese Thematik in seinem Buch behandelt hat.

Vielleicht mag überhaupt der eine oder andere Leser der Meinung sein, daß manches darin Enthaltene heute bereits überflüssiger Ballast sei, weil doch die Zucht dem Menschen bereits einen so hervorragend veranlagten Partner zur Verfügung stellt, der ihm eine überflüssige Geistesarbeit ersparen kann. Ihnen sei aber gesagt, daß auch heute der „denkende Reiter“ nach wie vor dem überlegen ist, der darauf verzichtet.

Wenn es dem Verfasser mit seinem Buch auch noch gelungen sein sollte, vielen die völlig unberechtigte Scheu vor dem Begriff „Klassische Reitkunst“ zu nehmen, es aber dafür mithilft, den Schlüssel zur Psyche des Pferdes zu finden, wäre damit ein weiteres Ziel erreicht.

Wir brauchen heute notwendiger denn je Interpreten, die uns dabei helfen, dieses kostbare Erbgut in unsere Gegenwartssprache zu übersetzen und auf dem Ausbildungsweg die Einzelteilchen zum Mosaik zu gestalten. Wir Menschen sollten dieses Geschenk dankbar annehmen und alles daransetzen, die von der Natur mitbekommenen Anlagen so zu gestalten, daß daraus statt des Knechts des Menschen sein Partner werden kann.

Der Verfasser hat in seinem Buch viel wertvolles, in der Praxis erprobtes theoretisches Wissen einfließen lassen. Dient das Buch nicht nur dem Studium und der daraus möglichen echten Wissenserweiterung, sondern wird es auch zu einer Quelle, aus der man mit Freude und viel reiterlichem Glück zu schöpfen vermag, wird es zum wertvollen Bestandteil der Reitliteratur der Gegenwart. Der Weg wird darin deutlich aufgezeigt. Man kann nur wünschen, daß der Reiterei damit jener Dienst erwiesen wird, den der Verfasser damit anstrebt.

Brigadier Professor Kurt Albrecht
war von 1974 - 1985 Leiter der Spanischen Reitschule in Wien. Als Hippologe hohen Ranges ist er heute ein international gefragter Richter und Ausbilder und unermüdlicher Verfechter der klassischen Werte der Reiterei.

Einführung

Es entspricht nicht den üblichen Verfahren, ein Thema zunächst zum Gegenstand eines Videolehrfilms zu machen und erst anschließend ein Buch folgen zu lassen, wie es hier geschehen ist.

Zunächst gab es eine Konzeption für das ebenfalls im Kosmos Verlag mit gleichem Titel erschienene Video. Als das Drehbuch auszuformulieren war, wurde deutlich, daß viele Gesichtspunkte, die für den Erfolg oder Mißerfolg von Maßnahmen bei der Arbeit mit dem Pferd ohne Reitergewicht von Bedeutung sind, in einem 45-Minuten-Film nur anskizziert, nicht aber ausführlich kommentiert werden können.

Der Anregung vieler Betrachter des Videos folgend wird dieser Kommentar nunmehr in der Hoffnung vorgelegt, daß es dem Leser damit leichter fallen wird, seine Möglichkeiten der Ausbildung des Pferdes an der Hand auszuloten und optimal einzusetzen.

KOMMUNIKATION OHNE REITERGEWICHT

Es gibt viele Gründe und Möglichkeiten, mit einem Pferd ohne Belastung durch das Reitergewicht an der Hand zu arbeiten. Handarbeit kann die Arbeit des Pferdes unter dem Reiter vorbereiten und ergänzen. Vertrauen des Pferdes zu seinem Ausbilder und Gehorsam ihm gegenüber können bereits an der Hand entwickelt werden und sich bei neuen Anforderungen an das Pferd günstig auswirken.

Dieses Buch soll Gesetzmäßigkeiten bei Verhaltensweisen der Pferde aufzeigen, die beachtet werden sollten, damit Harmoniestörungen bei der Kommunikation von Mensch und Pferd weitgehend vermieden werden.

Das gelingt am besten, wenn das Pferd gelöst ist, also physisch und psychisch locker und ausgeglichen ist. Gerade die Arbeit an der Hand bietet besonders wirksame Möglichkeiten, um diesen Zustand herzustellen.

Ein Beispiel: In der Natur ist eine hohe Aufrichtung der Kopf-Hals-Partie des Pferdes mit psychischer Erregung verbunden, während ein vorwärts-abwärts gesenkter Pferdekopf bei entspannten Pferden zu beobachten ist. Um ein aufgeregtes Pferd körperlich und seelisch zu entspannen, sollte man es dazu bringen, den Kopf vorwärts-abwärts zu strecken. Durch die Änderung der Körperhaltung wird auch eine Änderung des psychischen Befindens bewirkt. Das Pferd entspannt sich. Was liegt näher, als das junge Pferd zunächst ohne zusätzliche Belastung durch das Reitergewicht zu entspannen, das die physisch-psychische Belastung noch erhöhen würde?

Zwar gibt es versierte Reiter, die beobachtet haben, daß sich auch junge Pferde unter dem Reiter schneller entspannen als gewichtslos. Dieses Phänomen ergibt sich dann, wenn die reiterliche Technik besser entwickelt ist als die Fähigkeit, das Verhalten eines Pferdes ohne Einwirkung des Reitergewichts zu beeinflussen. Dieses Buch soll eine Hilfestellung dafür bieten, pferdeschonendere Möglichkeiten des gewichtslosen Trainings zu nutzen. Das ist gerade bei nur sehr begrenzt belastbaren Pferden ein erheblicher Vorteil. Ein Ausbilder, der in der Auswahl pferdeschonender Methoden viele Register ziehen kann, wird deshalb immer demjenigen überlegen sein, der seine Fähigkeiten nur zur Geltung bringen kann, wenn er hochwertiges „Material" zur Verfügung hat, das er beliebig austauschen kann. Die gewichtslose Arbeit mit dem Pferd kann deshalb einen Gewinn für alle Reiter bedeuten, die nicht dem reinen „Konsumdenken" verfallen sind.

Richard Hinrichs auf dem Friesenhengst Nardo

WEGE ZUM LÖSEN UND VERSAMMELN

Neben der Möglichkeit, einem Pferd an der Hand Vertrauen zum Ausbilder sowie Gehorsam ihm gegenüber zu vermitteln und es zu entspannen, kann man es darüber hinaus gewichtslos gut versammeln. Damit kann auch die Versammlung unter dem Reiter vorbereitet und gefördert werden.

In der Reiterei ist die Versammlung gekennzeichnet durch ein Gleichgewicht des Pferdes über einer kleinen Unterstützungsfläche. Die Hinterbeine des Pferdes nähern sich den Vorderbeinen stark an, nehmen vermehrt Gewicht auf und entlasten die Vorderbeine. Sie sind durch die Hals-Kopf-Partie des Pferdes im Naturzustand stärker belastet als die Hinterbeine und können durch das zusätzliche Reitergewicht überlastet werden. Deshalb ist eine gewisse Versammlungsfähigkeit Voraussetzung für eine verschleißfreie lange Verwendbarkeit des Pferdes.

Darüber hinaus ist das Pferd in einem Gleichgewicht über einer kleinen Unterstützungsfläche leichter zu beeinflussen als über einer großen. Mit anderen Worten: Das versammelte Pferd reagiert auf feinere Einwirkungen des Menschen als das nicht versammelte. Viele Pferde empfinden feinere Einwirkungen angenehmer als grobe und reagieren in der Folge darauf auch dann, wenn sie gerade nicht versammelt sind. Damit ist die Ver-

Maestoso Gratia in der Piaffe in den Herrenhäuser Gärten Hannover

Lusitanohengst Girassol in der Pesade am langen Zügel

sammlung ein Mittel, um das Pferd auf feine Einwirkungen zu konditionieren. Unter bestimmten Bedingungen können versammelnde Übungen gleichzeitig lösende Wirkung haben. Dazu aber später mehr.

GEFÜHLSSCHULUNG FÜR DEN REITER

Mit diesem Buch soll aufgezeigt werden, wie die freiwillige Mitarbeit des Pferdes gewichtslos durch den Einsatz von Zügeln, Gerte, Stimme und Körpersprache gefördert werden kann. Dabei wird immer wieder der Bezug zu den Anforderungen unter dem Reiter hergestellt, weil die gewichtslose Arbeit an der Hand nicht als Selbstzweck gesehen wird. Sie kann die Arbeit unter dem Reiter vorbereiten und ergänzen. Damit ist sie eine hervorragende Gefühlsschulung für den Reiter, mit der jedoch nicht sämtliche Probleme zu lösen sind: Insbesondere wird damit dem Leser nicht die Aufgabe abgenommen, reell reiten zu lernen, sich immer wieder um einen korrekten Sitz zu bemühen und die eigenen Bewegungen sowie die Ausstrahlung auf das Pferd zu koordinieren.

Das Buch kann zwar eine Anleitung sein, ersetzt aber nicht die regelmäßige Kontrolle durch einen qualifizierten Lehrer. Auch Videoaufnahmen zur Selbstüberwachung können hilfreich sein, um gravierende Fehler erkennen – und in Zukunft vermeiden zu können. Wer sein Ziel nicht auf Anhieb erreicht, sollte nicht mutlos werden. Man sollte statt dessen immer wieder analysieren, wie Technik, Ausstrahlung und Aufbau der Anforderungen optimiert werden können.

Mit dem Longieren des Reitpferdes können im wesentlichen folgende Ziele verfolgt werden: Erstens die Vorbereitung des jungen Pferdes auf die Arbeit unter dem Reiter. Zweitens schonendes Lösen und Erhaltung der Kondition des fortgeschrittenen Pferdes.
Weitere Möglichkeiten des Longierens bestehen z. B. im Zusammenhang mit der Freiheitsdressur. Sie werden hier nicht betrachtet, weil sie im Hinblick auf das Lösen und Versammeln des Reitpferdes entbehrlich sind.
Hilfreich sein kann das Longieren ferner für Sitzübungen des Reiters, die hier ebenfalls nicht vertieft werden, weil der thematische Rahmen des Buches damit gesprengt würde.

Longieren

Ausrüstung und Hilfsmittel

Hilfreich kann das Longieren für Sitzübungen des Reiters sein. Voraussetzung dafür ist, daß das Pferd die Hilfen des Ausbilders willig umsetzt.

Wer sich aktiv mit dem Longieren beschäftigen will, muß über das nötige Handwerkszeug verfügen. Die wichtigsten Bestandteile sind hier mit Anmerkungen kurz aufgezählt.

LONGE

Die Longe sollte mindestens 7 m lang sein und gut in der Hand liegen, also nicht zu schwer sein und eine angenehme Reibung ermöglichen. Gurtlongen sind solchen aus Nylon vorzuziehen. Letzere gleiten zu leicht durch die Hand, wenn ein widersetzliches Pferd einen unerwarteten starken Widerstand bietet.

Nicht zu empfehlen sind auch Longen mit Stegen, die allerdings bei vielen Menschen, die nicht longieren können, sehr beliebt sind. Wer sich mit diesen Longen wohl fühlt, longiert regelmäßig so, daß die Pferde mit zu starkem Kontakt auf der Hand liegen. In solchen Situationen verhindern die Stege das ungewollte Durchgleiten der Longe und vermitteln damit dem Longenführer ein gewisses Gefühl der Sicherheit.

Wer aber anstrebt, sein Pferd auf feine Hilfen abzustimmen, sollte es zu dieser übermäßigen Anlehnung des Pferdes an der longenführenden Hand gar nicht erst kommen lassen. Wie sie sich verhindern läßt, soll später noch aufgezeigt werden. Bei einem mit normaler Anlehnung arbeitenden Pferd jedenfalls verhindern die Stege ein weiches, gleichmäßiges Verlängern der Longe, weil das Durchgleiten durch die Stege unterbrochen wird. Wer sich mit Longe mit Stegen wohler fühlt, zeigt damit, daß er von einer Ausbildung mit feinen Hilfen noch weit entfernt ist.

Unabhängig von den Eigenschaften der Longe sind allerdings feine Hilfen mit diesem Instrument nur dann realisierbar, wenn die Longe in geordneten Schlaufen so aufgenommen wird, daß sie jederzeit stufenlos verkürzt oder verlängert werden kann.

Dieser Gesichtspunkt wird in der Praxis häufig nicht genügend beachtet. Damit wird eine Chance vertan, die Feinabstimmung des Pferdes schon in der ersten Ausbildungsstunde an der Longe beginnen zu lassen.

Zweckmäßig aufgenommene Longe. Es empfiehlt sich, stets mit Handschuhen zu longieren.

KAPPZAUM

Der Kappzaum sollte möglichst leicht und im Nasenbereich unter dem Metallbügel nicht zu stark gepolstert sein. Die meisten im Handel erhältlichen Kappzäume haben diese Eigenschaften nicht. Sie sind schwer, unhandlich, bei starker Polsterung im Nasenbereich nahezu unwirksam und damit weder für den Ausbilder noch für das Pferd angenehm.

Diese schweren Kappzäume, teilweise noch mit zwei Kehlriemen und einem überflüssigen, senkrecht von der Mitte des Nasenriemens zwischen den Ohren des Pferdes hindurch zum Genickstück verlaufenden Riemen, haben die Aversion vieler Reiter gegenüber diesem Instrument sehr gefördert.

In der Praxis haben sich leichte Kappzäume ohne unnötige Polsterung bewährt.

Vorzuziehen ist ein leichter Kappzaum mit relativ weit hinten verlaufenden Backenstücken, damit auch bei kurzzeitigem stärkeren Zug des Pferdes an der Longe das äußere Backenstück nicht auf das äußere Auge des Pferdes gezogen wird. Die Backenstücke sollten zusätzlich unterhalb der Ganaschen des Pferdes durch einen fest angezogenen Querriemen fixiert werden. Dagegen ist ein lockerer Kehlriemen entbehrlich, weil er keinerlei Funktion hat. Er kann deshalb – falls vorhanden – getrost abgeschnitten werden.

Der hier beschriebene Kappzaum ermöglicht deutliche Einwirkungen auf die Nase des Pferdes, mit denen es bereits beim Führen diszipliniert werden kann.

Ein kurzer Ruck am Kappzaum mit anschließendem Nachgeben hat eine deutlich bremsende Wirkung und erhöht den Respekt des Pferdes gegenüber dem Menschen. Damit wird die Sensibilität des Pferdemauls für feinere Einwirkungen mit dem Mundstück eines Zaumzeugs erhalten.

Der Kappzaum kann zum Führen, zum Longieren und zu lösenden und versammelnden Übungen an der Hand eingesetzt werden. Daneben kann er auch beim Anreiten junger Pferde hilfreich sein, die auf jede Einwirkung eines

Mundstücks auf Zunge und Kinnlade durch ein Verkriechen hinter den Zügel reagieren. Werden Zügel am Kappzaum in diesem Stadium richtungweisend eingesetzt und die Trensenzügel nur ganz allmählich in unterstützender Funktion, kann das unerwünschte Verkriechen hinter den Zügel vermieden werden.

Wird der Kappzaum dagegen für die gewichtslose Arbeit verwendet, empfiehlt es sich, den Führzügel oder die Longe zum Führen nicht in den mittleren Ring, sondern in den Ring auf der Seite einzuhaken, an der der Ausbilder mitgeht.

Damit wird die Gefahr verringert, daß der Kappzaum am Pferdekopf schief gezogen wird, wenn das Pferd ungewollt einmal starken Kontakt am Führzügel oder an der Longe aufnimmt. Läßt aber das Umschnallen des Führzügels oder der Longe am Pferdekopf gerade beim jungen Pferd eine Harmoniestörung erwarten, sollte der mittlere Ring genutzt werden.

Ein leichter Kappzaum (Wiener Modell)

Man kann jedes gute Prinzip pervertieren, wenn man es unzweckmäßig anwendet.

TRENSE

Bevor das Pferd zum Longieren seitlich ausgebunden wird, sollte es bereits an die Trense gewöhnt sein.

Bewährt hat sich als Mundstück das sogenannte Knebeltrensengebiß, wie es in der Spanischen Reitschule Wien verwendet wird. Es hat den Vorteil, daß bei richtiger Verschnallung einem übermäßigen Zungenspiel und damit Zungenfehlern des Pferdes vorgebeugt wird. Dazu müssen die beiden außerhalb des Mauls verlaufenden Stangen senkrecht am Backenstück fixiert werden, wenn die gewünschte Wirkung erzielt werden soll.

Bei besonders empfindlichen Pferden empfiehlt sich ein doppelt gebrochenes Mundstück, das anders als das übliche, einfach gebrochene bei stärkerem Zügelanzug nicht an der Gelenkstelle unter den Gaumen drückt. Für solche Pferde sind auch Kunststoffgebisse denkbar.

Wichtiger als das Material ist jedoch, daß das Mundstück tatsächlich in das jeweilige Maul paßt und keine Abwehrreaktionen des Pferdes provoziert.

Auch hier zeigt sich, daß man jedes gute Prinzip pervertieren kann, wenn man es unzweckmäßig anwendet: In Deutschland sind viele Reiter der Ansicht, daß eine dicke Wassertrense für das Pferd das angenehmste Gebiß mit der weichsten Einwirkung sei. Wenn das Mundstück aber so dick ist, daß das Pferd das Maul kaum noch oder gar nicht mehr schließen kann, sollte der Reiter beginnen, sich Gedanken über die zweckmäßige Zäumung zu machen. Er sollte nicht darauf vertrauen, daß sich das Maul im Laufe der Zeit dem zu dicken Gebiß anpaßt.

Welches Reithalfter verwendet wird, sollte nicht zu einer Frage der Weltanschauung gemacht werden. Es darf allerdings die Atmung nicht behindern und muß ein Aufsperren des Maules verhindern, wenn Zungenschwierigkeiten zu erwarten sind.

Beim Longieren wird die Trense ergänzend zum Kappzaum eingesetzt, wenn das Pferd ausgebunden werden soll. Wer sein Pferd seitlich am Kappzaum ausbindet, mag zwar den Kopf in die gewünschte Position bringen, man hat aber so nicht die Möglichkeit, das Pferd auf Paraden vorzubereiten, die auf das Maul des Pferdes einwirken.

Dieser Effekt wird nur erreicht, wenn die Hilfszügel am Trensengebiß befestigt werden.

In der Spanischen Reitschule Wien und generell in den iberischen Ländern wird die Longe nicht in die Trense, sondern stets in den Kappzaum eingeschnallt. In Deutschland ist es dagegen üblich, das Pferd direkt an der Trense zu longieren.

Knebeltrense:
A: Fixierung der Stäbe mit abgenähtem Ledersteg: Bei dieser Verschnallung wird das Zungenspiel des Pferdes sinnvoll begrenzt.
B + C: Viele Pferde gehen mit doppelt gebrochenem Trensengebiß (C) zufriedener als mit einfach gebrochenem (B).

A

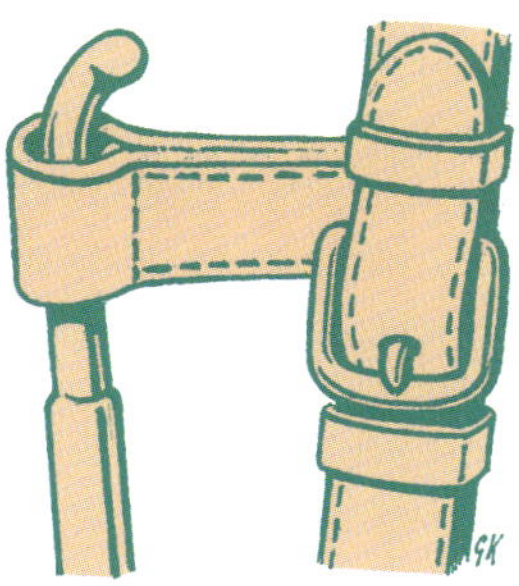

B

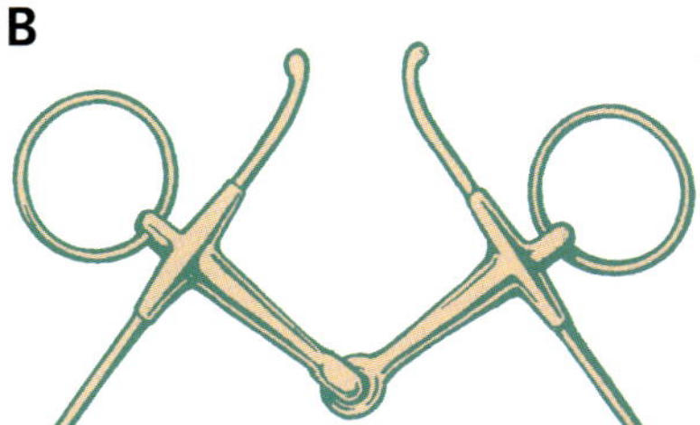

C

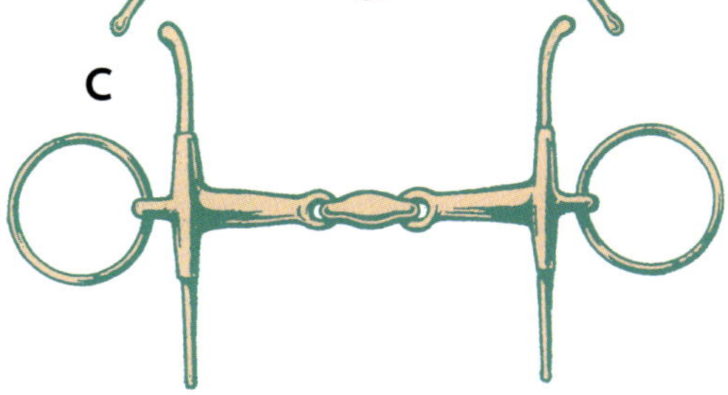

**Oben und links: Einfach gebrochene Trense mit Klemmwirkung auf den Unterkiefer und Druck gegen den Gaumen.
Unten: Doppelt gebrochenes Trensengebiß und seine Lage im Pferdemaul.**

Bei routinierten älteren Pferden mag der Kappzaum tatsächlich entbehrlich sein, wenn die Hilfen angemessen dosiert werden. Bei jungen Pferden dagegen ist nicht auszuschließen, daß sie gelegentlich bei einem Temperamentsausbruch stärker als gewollt an der Longe ziehen oder durch aktive Handeinwirkung diszipliniert werden müssen. In diesen Situationen wird die Empfindlichkeit des Pferdemauls besser erhalten, wenn nicht an der Trense, sondern am Kappzaum longiert wird.

Auf den Einsatz der Trense bei der Arbeit an der Hand am kurzen und am langen Zügel wird im Zusammenhang mit diesen Themen noch eingegangen.

AUSBINDE- UND SCHLAUFZÜGEL

Die Ausbindezügel sollten aus festem Material bestehen (Leder) und keine Gummiringe haben. Gummiringe können manche Pferde veranlassen, die Nachgiebigkeit der Ausbindezügel immer wieder neu auszutesten und damit gegen die feste Begrenzung anzukämpfen.

Die Zeichnung auf Seite 23 zeigt die Wirkungsweise des Ausbindezügels. Man kann sich den Punkt, an dem der Ausbindezügel am Gurt fixiert ist, als Mittelpunkt eines Zirkels vorstellen, während der Trensenring, an dem das andere Ausbindezügelende befestigt ist, einen Zirkellinienteil bildet, wenn das Pferd sich verstärkt aufrichtet oder den Kopf tiefer trägt. Dabei kann sich der Pferdehals am besten dehnen, wenn der Ausbindezügel waagerecht verläuft. Hält das Pferd den Kopf bei anstehenden Ausbindezügeln in einer höheren oder tieferen Position, so daß der Hilfszügel in aufsteigender oder absteigender Tendenz verläuft, wird der Hals verengt und das Pferd spürt eine deutliche muskuläre Spannung.

Da das Pferd sich mit entspannter Halsmuskulatur wohler fühlt als mit angespannter, kann man diesen Zusammenhang nutzen, um den Pferdekopf in die gewünschte Position zu bringen: Will man eine höhere Aufrichtung des Pferdekopfes erreichen, ist dementsprechend hoch auszubinden. Soll sich das Pferd tief vorwärts-abwärts strecken, ohne mit der Stirnlinie hinter die Senkrechte zu kommen, ist es zweckmäßig, tief auszubinden.

Das mit Ausbindezügeln ausgebundene Pferd

Die begrenzende Wirkung des Ausbindezügels

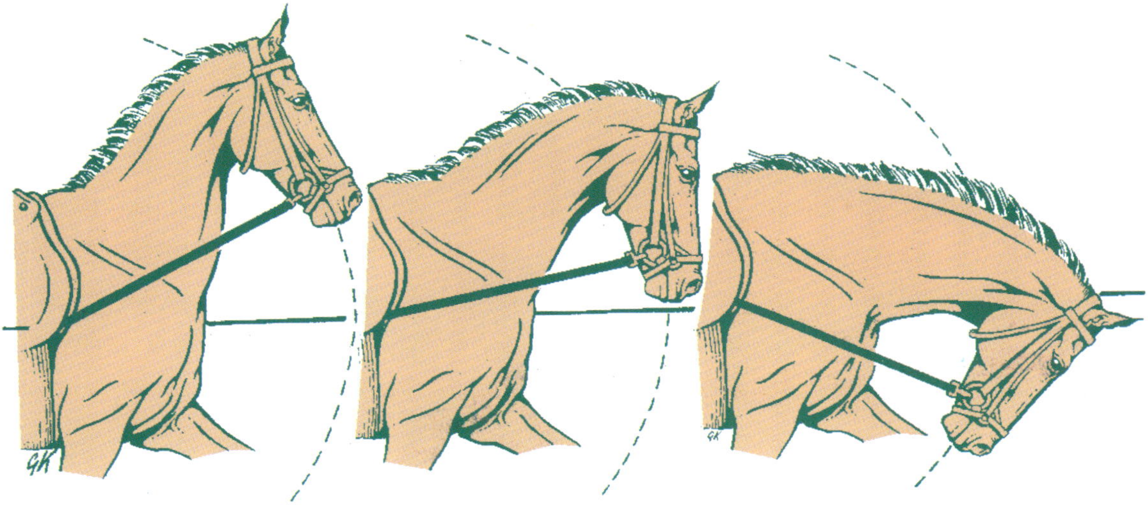

Um die geschilderten Effekte bewirken zu können, muß der Ausbilder sein Pferd so vorbereiten, daß es die Ausbindezügel nicht als Zwangsmittel betrachtet, sondern sie, ohne sich zu verkrampfen, akzeptiert. Wie man das erreicht, wird im Zuammenhang mit dem Longieren des jungen Pferdes erörtert.

Feine Pferde, die sich an eine starre Ausbindung nicht vertrauensvoll herandehnen, sollten mit Schlaufzügeln ausgebunden werden. Je nachdem, ob das Vorwärts-Abwärts-Strecken der Kopf-Hals-Partie oder ihre seitliche Fixierung Priorität hat, können die Schlaufzügel unterschiedlich verschnallt werden (siehe Abbildung unten und Seite 25).

Auch andere Hilfszügel können positive Effekte bewirken, wenn sie sinnvoll eingesetzt werden. Da sie im Hinblick auf das hier behandelte Ausbildungssystem regelmäßig aber nicht erforderlich sind, wird davon abgesehen, sie eingehend zu beschreiben.

LONGIERGURT UND SATTEL

Der Longiergurt sollte mit vielen seitlichen Ringen versehen sein und damit eine unterschiedlich hohe Ausbindung mit entsprechenden Variationsmöglichkeiten zulassen.

Besonders wichtig sind die Ringe im unteren Bereich. Werden sie zum Ausbinden genutzt, kann ein Pferd, das bereits an

Ausbindung an Schlaufzügeln, mit denen die Dehnungshaltung begünstigt wird

die Ausbindezügel gewöhnt ist, dazu gebracht werden, den Kopf tief zu tragen. Wenn es bei anstehenden Ausbindezügeln den Kopf hochnimmt, wird die Anlehnung stärker und damit auch der Druck des Gebisses auf Zunge und Kinnlade des Pferdes.

Dieser Zusammenhang bewirkt, daß das Pferd, wenn es hinreichend entspannt ist, den Kopf wieder tiefer nimmt, um diesem Druck auszuweichen. Wie bereits im vorigen Abschnitt erwähnt, kann es nur bei tief geschnallten Ausbindezügeln den Hals vorwärts-abwärts strecken. Bei höherer Verschnallung verkürzt das Pferd den Hals, wenn es den Kopf tiefer nimmt und kommt mit der Nasenlinie hinter die Senkrechte.

Ein Pferd kann mit sehr unterschiedlichem Ausdruck gehen, je nachdem ob es nur wenige Zentimeter höher oder tiefer ausgebunden ist. Aus diesem Grunde sei nochmals betont, daß gerade die Ringe im unteren Bereich des Longiergurtes besonders wichtig sind.

Ist das Pferd an den Longiergurt gewöhnt, kann es auch mit Sattel longiert werden. Dabei können die Ausbindezügel am Sattelgurt befestigt werden.

Wenn die Höhe ganz genau bestimmt werden soll, kann ein Longiergurt über den Sattel gelegt werden, damit die Ausbindezügel durch die Ringe gezogen werden können.

Ausbindung am Schlaufzügel, mit dem der Pferdekopf seitlich fixiert wird

LONGIERPEITSCHE

Die Longierpeitsche sollte möglichst leicht sein. Auch geringe Unterschiede im Gewicht wirken sich bei längerem Longieren spürbar aus. Der an der Peitsche befestigte dünne Lederriemen sollte hinreichend lang sein, damit das Pferd ohne größere Verrenkungen bedarfsweise berührt werden kann. Am Ende des Lederriemens sollte sich ein kurzer Peitschenschlag aus Naturfasern befinden, der das Knallen erleichtert.

Beim Kauf einer Longierpeitsche sollte der Ungeübte möglichst mehrere Exemplare in die Hand nehmen und ihr Gewicht und ihre Beweglichkeit vergleichen. Man sollte im Hinblick darauf eine Peitsche auswählen, die gut in der Hand liegt und die Bewegung der Peitschenschnur angenehm bestimmbar macht.

Aus welchem Material die Peitsche besteht, ist dabei von untergeordneter Bedeutung. Peitschen sollten so behandelt – aufgestellt, aufgehängt oder hingelegt – werden, daß sie sich nicht verziehen, sondern gerade bleiben.

Erfahrungsgemäß verziehen sich Holzpeitschen besonders leicht. Für eine Peitsche aus Holz sollte sich deshalb nur entscheiden, wer sorgfältig darauf achtet, daß sie auch gerade bleibt. Eine krumme Longierpeitsche liegt nicht gut in der Hand,

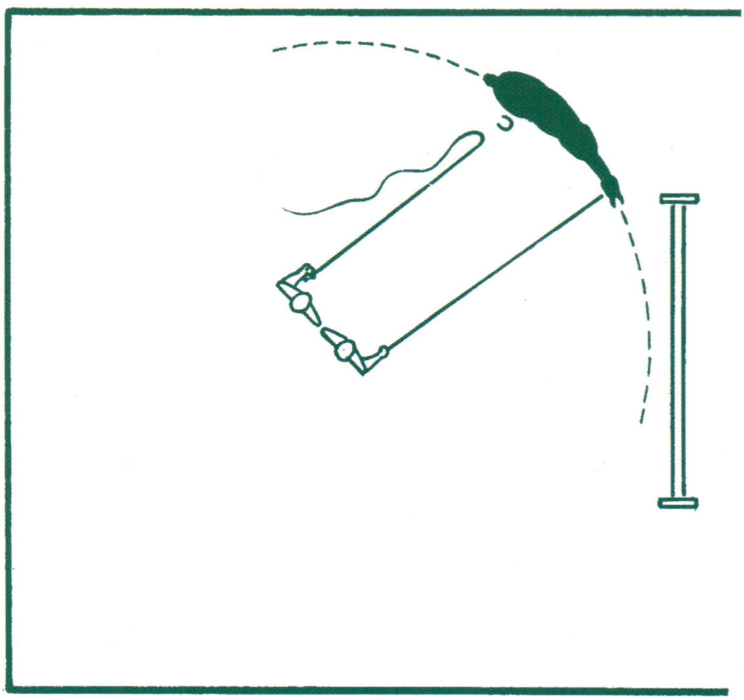

Begrenzung des Zirkels beim Longieren eines jungen Pferdes auf dem Reitplatz

Beim Longieren ist die passende Ausrüstung eine notwendige Voraussetzung für eine angenehme Arbeitsatmosphäre.

erschwert eine genaue Handhabung und verschlechtert damit die Arbeitsatmosphäre, sofern der Ausbilder selbst nicht ein unsensibler Grobmotoriker ist.

HANDSCHUHE

Bei einem jungen oder mit der Arbeit an der Longe nicht vertrauten Pferd ist nicht auszuschließen, daß es kurzzeitig mehr als gewünscht auf Anlehnung kommt und dabei dem Ausbilder die Longe durch die Hand zieht. Das kann die Haut der Hände verletzen. Um dem vorzubeugen, sollte mit Handschuhen longiert werden.

Das Material, aus dem die Handschuhe bestehen, sollte hinreichend belastbar sein, um über lange Zeit die Reibung der Longe und der Zügel verschleißfrei zu überstehen. Es sollte aber auch nicht zu dick sein, damit schon das weiche Schließen und Öffnen der Hand – wie zum Ausdrücken eines Schwammes – als Parade für das Pferd spürbar wird.

Es gibt hervorragende Reiter, die meinen, sie könnten nur ohne Handschuhe optimal fein einwirken, und andere, die betonen, diesen Effekt nur mit Handschuhen bewirken zu können. Die persönliche Wahrnehmung in diesem Bereich kann also unterschiedlich sein. Vielleicht ist sie auch abhängig von der Qualität der Handschuhe.

Longieren eines jungen Pferdes

An der Longe kann das junge Pferd schonend auf die spätere Arbeit unter dem Reiter vorbereitet werden: Gewichtslos kann es besonders wirksam entspannt werden. Vertrauen zum Ausbilder und der notwendige Gehorsam ihm gegenüber können aufgebaut werden und damit die optimale Arbeitsatmosphäre für die weitere Ausbildung schaffen.

Voraussetzung für die Arbeit an der Longe ist, daß sich das junge Pferd bereits führen läßt. Das Führen am Kappzaum bietet im Vergleich zum Führen am Stallhalfter den Vorteil, daß das Pferd Arrêts (sehr kurze, deutliche Zügelanzüge mit anschließendem Nachgeben) bei der schärferen Zäumung von Anfang an zu respektieren lernt.

Der Ausbilder kommt dabei mit weit geringerem körperlichen Einsatz aus als beim Führen mit Stallhalfter. Rangeleien um Tempo und Richtung werden vermieden, und das Pferd kann sich gleich an die ranghöhere Position des Ausbilders gewöhnen.

Wenn das erreicht ist, kann die Ausbildung an der Longe beginnen. Die Gewöhnung an die Zirkellinie wird dem Pferd erleichtert, wenn dazu anfangs ein eingezäunter Longierzirkel benutzt werden kann. Steht er nicht zur Verfügung, kann man statt dessen auf dem Reitplatz die sonst offene Seite des Zirkels durch senkrecht zur langen Seite verlegte Stangen oder Cavaletti s begrenzen.

Anführen des jungen Pferdes auf den Zirkel

LONGIEREN MIT HELFER

In jedem Fall ist es hilfreich, anfangs zu zweit zu longieren: Ein Helfer führt das Pferd am Kappzaum auf der Zirkellinie und gewöhnt es damit an sie. Schon nach kurzer Zeit kann sich dann der Helfer zur Zirkelmitte bewegen und von dort aus die Longe führen, während der Ausbilder durch das Nachtreiben mit der Peitsche den Schwung des Pferdes sicherstellt. Bei dieser Aufteilung kann der Longenführer sich schon bald um den inneren

Absatz drehen und damit exakt den Zirkelmittelpunkt vorgeben. Der innere Fuß wird in der Drehung angehoben, damit der unerwünschte „Erdbohrereffekt“ vermieden wird. Der Ausbilder, in seiner Position beweglich, kann mit der Peitsche so treiben, daß Tendenzen des Pferdes zum Umdrehen vorgebeugt wird.

EINSATZ DER HILFEN

Sparsame Gesten tragen schon in diesem frühen Ausbildungsabschnitt dazu bei, die Autorität des Ausbilders gegenüber dem Pferd zu erhöhen: Einer Aufforderung – zunächst mit der Stimme – sollte, wenn sie nicht befolgt wird, eine wirksame treibende oder verhaltende Hilfe so nachgesetzt werden, daß für das Pferd ein Überraschungseffekt entsteht. So versteht das Pferd, daß Höflichkeit – die freundliche Stimmhilfe – nicht als Schwäche, also mangelnde Durchsetzungskraft, auszulegen ist.

An der Longe sollten Stimm- und Peitschenhilfe nicht gleichzeitig gegeben werden, sondern die Stimme sollte der Bewegung der Peitsche oder der Berührung mit der Peitschenschnur zeitlich kurz vorausgehen.

Wenn das Pferd lernt, daß die Stimme nur der Anfang aller möglichen Aktionen ist, und offenbleibt, wie die nächste, möglicherweise unangenehme Einwirkung sein wird, wird es bereits auf die Stimmhilfe reagieren und nicht erst weitere Maßnahmen des Ausbilders abwarten.

Dieser Effekt tritt nicht ein, wenn der Ausbilder für das Pferd im negativen Sinne berechenbar und langweilig wird. Bezüglich der Peitschenhaltung bedeutet das, daß der Ausbilder die Peitschenschnur nicht aus dem vollen Arm ausschwingen sollte. Vielmehr sollte das Ende der Peitschenschnur nur durch eine kleine, kraftvolle Bewegung aus dem Handgelenk, möglichst sogar ohne auffällige Bewegung des Peitschenstockes, auf das Pferd zufliegen und es bedarfsweise treffen.

Das Pferd muß den Eindruck bekommen, daß

Longieren des jungen Pferdes mit Helfer

der Ausbilder die Energie seiner Einwirkung stets noch steigern könnte. Das gelingt nur, wenn er den Einsatz seiner Mittel immer wieder auf das notwendige Mindestmaß beschränkt.

Die Spitze der Longierpeitsche sollte z. B. in der Grundhaltung bis auf ca. 20 cm über dem Boden abgesenkt werden, damit schon allein ein Anheben der Peitschenspitze als verstärkte treibende Hilfe wahrgenommen wird.

Die Wahrnehmung kann dadurch gefördert werden, daß aus der angehobenen Peitsche ein Schlag angesetzt wird, wenn das Pferd nicht auf die Geste allein reagiert.

Die Peitschenspitze sollte in der Grundhaltung auf den Bereich zwischen Vorder- und Hinterbeinen des Pferdes zeigen. Mit einer mehr nach vorn zeigenden und dabei vermehrt angehobenen Peitsche kann das Pferd auf einen größeren Zirkel hinaus getrieben werden, mit einer mehr nach hinten gerichteten kann das Pferd vermehrt vorwärts getrieben werden.

Das Pferd wird auf das Zurücknehmen der Peitsche besonders achten, wenn daraus gelegentlich ein schnelles Wiedervorziehen in Verbindung mit einem Schlag aus der Peitschenschnur verbunden ist.

Die tief geführte Peitsche als Grundhaltung für ein Longieren mit minimalen Hilfen

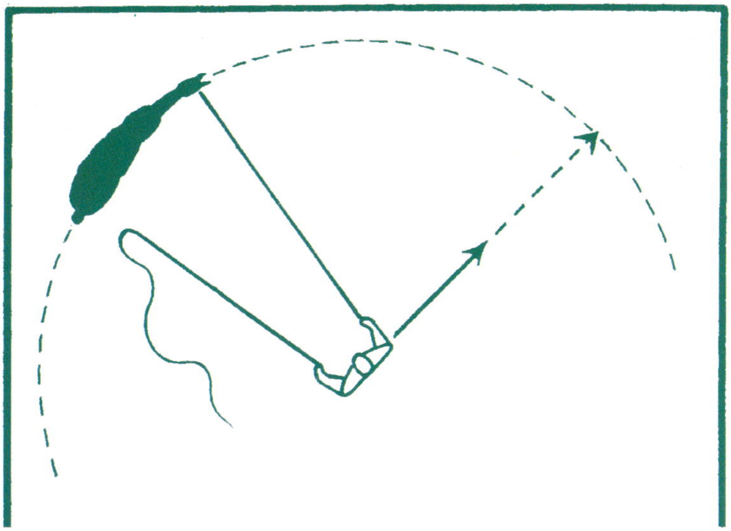

Der Schwung des Pferdes kann durch eine Bewegung des Ausbilders in Richtung auf die Zirkellinie gebremst werden.

Während des gesamten Longierens sollte der Peitschenführer den Eindruck vermitteln, daß die Peitsche nicht ein Fremdkörper, sondern die Verlängerung des Zeigefingers ist. Dazu sollten bei senkrecht hängendem Oberarm Ellenbogen, Handgelenk und Peitschenspitze eine ungebrochene Linie bilden. Das ist am besten zu gewährleisten, wenn die Hand leicht eingedreht wird, so daß die Fingernägel nach oben zeigen.

Bei allen Bewegungen mit der Peitsche sollten Ausbilder und Longenführer absolut senkrecht bleiben und sich nicht verrenken. Andernfalls wirkt man weniger souverän und verleitet dominante Pferde eher zu Rangstreitigkeiten.

Unabhängig davon, ob der Ausbilder mit einem Gehilfen oder allein longiert, sollte er sich beim Longieren so drehen/bewegen, daß das Pferd in sein Blickfeld hinein-, nicht aber aus seinem Blickfeld herausläuft. Wenn das Pferd in das Blickfeld des Longierenden hineinläuft, wird er auch bei schnellen Bewegungen auf dem kleinen Zirkel nicht schwindelig. Man bleibt auf diese Weise souverän.

Wer dagegen kurz vor einem Schwindelanfall ist, hat viel zu viel mit sich selbst zu tun, um dem Pferd noch hinreichend bestimmte Vorgaben zu machen. Der Longierende sollte also stets die innere Schulter genügend zurücknehmen. Nimmt er die äußere Schulter zu sehr zurück, besteht die Gefahr, daß er seinem Pferd nachschaut, eben in dem Sinne, daß es aus seinem Blickfeld herausläuft.

Die Position des Longierenden kann dadurch optimiert werden, daß er bei senkrecht fallendem Oberarm die longenführende Hand nicht vor die Körpermitte, sondern vermehrt neben den Körper – in Bewegungsrichtung – hält. Auch bei Paraden sollte diese Position nicht aufgegeben werden, damit der Blickwinkel zum Pferd konstant bleibt.

Wann der Ausbilder die Longe und Peitsche allein – ohne Helfer – übernehmen sollte, hängt von der Entwicklung des Pferdes ab.

„Stürmt das Pferd trotz aller Vorsicht vorwärts, so lasse man es, wenn der Galopp nicht allzu stark ist, galoppieren, wobei man es mit der Stimme beruhigt und nach einiger Zeit unter Zuruf des Kommandos „Trab“ und Schütteln der Longe zur Ruhe bringt“

Reitvorschrift H. Dv. 12 vom 18.8.1937

SCHRITT- UND TRABPHASEN

In der Anfangsphase des Longierens läßt man das Pferd zunächst in der Gangart gehen, in der es sich am besten entspannt. Bei vielen Pferden wird das Schritt oder Trab sein. Generell sollte man anstreben, möglichst bald mit Schritt zu beginnen und ihn beliebig lange ausdehnen. Manches ganz junge Pferd ist dazu aber in der neuen Anforderung zu gespannt, und die Spannung wird im Schritt dann eher gesteigert als abgebaut.

Wenn das Pferd mit der Aufgabe hinreichend vertraut geworden ist, sollte allerdings auf den Beginn des Longierens im Schritt Wert gelegt werden. Andernfalls stellt sich der lösende Effekt nur durch Ermüdung ein, und das Pferd wird im Laufe der Zeit eine immer bessere Kondition aufbauen, die nicht wünschenswert ist, solange der notwendige Gehorsam noch nicht hergestellt ist.

Wenn das Pferd von sich aus – vom Ausbilder ungewollt – antrabt und wieder zum Schritt zurückgeführt werden soll, ist es zweckmäßig, daß der Longenführer seine Position in der Mitte des Zirkels aufgibt und vermehrt von vorn auf das Pferd zugeht und es damit abbremst.

Im Extremfall kann es geboten sein, den Positionswechsel so vorzunehmen, daß man dem Pferd auf der Zirkellinie den Weg verstellt und es so zunächst anhält. Im nächsten Takt wird bereits eine Bewegung des Longenführers nach vorn in Richtung auf die Zirkellinie die Bewegung des Pferdes verlangsamen.

GALOPPIEREN AN DER LONGE

Von den Eigenschaften des Pferdes hängt auch der Beginn der Galopparbeit ab: Mit einem talentierten Pferd kann damit bereits sehr früh begonnen werden, mit einem nicht talentierten sollte man zurückhaltend sein und darauf sehr lange verzichten.

Im Moment des Angaloppierens sollte die Longenanlehnung nicht zu stark sein, damit der Pferdekopf nicht über das innere Vorderbein gezogen wird, es überlastet und damit dessen

Andalusierhengst Ureo im Galopp: Relativ tief geschnallte Ausbindezügel bei einem bereits daran gewöhnten Pferd. Die hier an den Ausbindezügeln zu beobachtenden Gummiringe sind entbehrlich.

Aktion beeinträchtigt. Folge wäre die Beeinträchtigung der Aktion des inneren Hinterbeines, das nicht mehr hinreichend vorspringen kann. Somit würde der Außen- oder gar der Kreuzgalopp programmiert.

Statt dessen sollte mit nur ganz geringer Anlehnung auf eine Begrenzung (die Bande) hin angaloppiert werden, weil so die Aktion des äußeren Vorderbeines begrenzt wird und das innere Vorderbein vorspringen kann.

Die Hilfe zum Angaloppieren sollte aus einem ruhigen Trab so überraschend und deutlich gegeben werden, daß das Pferd nicht den Trab verstärkt und davonstürmt, statt anzugaloppieren.

Widersinnig und kontraproduktiv ist es, beim Kommando „Galopp“ den beruhigenden Vokal „a“ zu dehnen: Durch „Gaaaalopp“ wird das Pferd unangemessen beruhigt und damit das momentgenaue Einspringen erschwert. Außerdem wird damit dem Pferd mangelnde Durchsetzungsfähigkeit signalisiert.

Gelegentliches Buckeln des jungen Pferdes im Zusammenhang mit dem Galopp ist zu tolerieren, sofern es insgesamt kontrollierbar bleibt.

AUSBINDUNG

Oftmals empfiehlt es sich, auch dann noch zu zweit zu longieren, wenn das Pferd bereits an die Zirkellinie gewöhnt ist und die Adjustierung mit Trense, Ausbindezügel, Longiergurt und Sattel vervollständigt werden kann.

Akzeptiert das Pferd die Trensenzäumung – zusätzlich zum Kappzaum – und den Kontakt mit dem Longiergurt oder Sattel, kann begonnen werden, es auszubinden.

Es empfiehlt sich, das junge Pferd am Beginn der Trainingseinheit einige Minuten unausgebunden gehen zu lassen. In der Anfangszeit wird sich das Pferd schneller lösen, wenn es nicht gleich ausgebunden wird, nachdem es die Bahn betreten hat.

Kommt es dabei schon in die Dehnungshaltung, ist das ein Indiz dafür, daß es mit einer sinnvollen Ausbindung nicht überfordert wird.

Üblicherweise beginnt man mit Ausbindezügeln, die nicht zu tief und sehr lang verschnallt werden sollten, so daß sich das Pferd anfangs nur an ihre Anwesenheit gewöhnen muß. Erst wenn erkennbar ist, daß das Pferd keinerlei Angst vor den Zügeln hat, kann man sie allmählich verkürzen.

Im Vergleich zu hoher Ausbindung üben tief verschnallte Ausbinder mehr Zug und damit stärkeren Druck auf Zunge und Kinnladen aus, wenn das Pferd sich aufrichtet. Bei einem halbwegs entspannten Pferd begünstigen sie damit das Vorwärts-abwärts-Strecken des Halses. Ein ganz junges, unerfahrenes Pferd kann dadurch jedoch derart Platzangst bekommen und in Panik geraten, daß es steigt und sich schlimmstenfalls sogar rückwärts überschlägt.

Deshalb sollte zunächst vorsichtshalber höher ausgebunden werden, auch wenn die hohe Ausbindung ein Vorwärts-abwärts-Strecken des Halses bei anstehenden Ausbindezügeln nicht in vollem Maße zuläßt.

Erst später, wenn das Pferd an die Anlehnung an die Ausbindezügel gewöhnt ist, können sie tiefer verschnallt werden. Anzustreben sind etwa waagerecht verlaufende Ausbindezügel. Durch unterschiedlich lange Ausbindezügel kann der Pferdekopf seitwärts gestellt werden, sofern das sinnvoll ist.

Damit sind wir bei einem Thema von zentraler Bedeutung für die gesamte Reiterei – dem Geraderichten.

Lusitanohengst Xami im Linksgalopp an der Longe (auch hier sind die Gummiringe in den Ausbindezügeln entbehrlich)

GERADERICHTEN

Die wenigsten Pferde sind von Natur aus in ihrer gesamten Längsrichtung vom Kopf bis zum Schweif tatsächlich absolut gerade.

Die meisten sind auf der linken Seite mehr oder weniger hohl, auf der rechten Seite mehr oder weniger gewölbt. Bei wenigen Pferden ist es umgekehrt. Diese natürliche Schiefe wird bei vielen Pferden nicht im Halten, sondern erst in der Bewegung erkennbar.

Es gibt verschiedene Theorien zu den Ursachen der Schiefe. Verbreitet ist die Meinung, daß diese Eigenschaft auf die Lage des Fohlens im Mutterleib zurückzuführen ist.

Ähnlich wie die Beweglichkeit des Menschen hinsichtlich der rechten und der linken Hand unterschiedlich ausgeprägt ist, ist auch das Pferd in der Regel mit einem Hinterbein geschickter und kräftiger als mit dem anderen. Dementsprechend kann man beobachten, daß viele Pferde die Hüfte auf der Seite des

„Nur wenn das Pferd gerade geht, können durch richtige Versammlung die Hinterbeine mehr zum Tragen des Gewichtes herangezogen und durch vermehrte Biegung entsprechend gymnastiziert werden. Dies fördert Gleichgewicht und Geschmeidigkeit und kräftigt die Hinterhand für die größeren Anforderungen entsprechend."

Alois Podhajsky

schwächeren Hinterbeines – links – mehr vorbringen als auf der Seite des stärkeren und damit die linke Körperseite zur hohlen Seite wird. Sie haben so geringere Schwierigkeiten, das schwächere Hinterbein vorzubringen. Oft ist damit auch ein geringerer Aktionsradius des linken Vorderbeines im Vergleich zum rechten verbunden.

Um Verschleißerscheinungen durch eine ungleiche Belastung der Pferdebeine zu vermeiden, ist das Pferd im Laufe der Ausbildung allmählich geradezurichten. Dazu ist das Pferd zu entspannen und so zu gymnastizieren, daß es sich reell geradeaus vorwärts bewegt.

Bei manchen Pferden ist diese Aufgabe nie erledigt, und das Problem der Schiefe tritt häufig dann wieder auf, wenn eine neue Übung mit besonderer körperlicher Anstrengung verbunden ist.

In jedem Ausbildungsabschnitt bleibt dann herauszufinden, wie das Pferd sinnvoll geradegerichtet werden kann.

Grundsätzlich hat es sich bewährt, das Pferd so zu stellen und zu biegen, daß die bisher hohle Seite zur gewölbten wird. Mit zunehmender Elastizität des Pferdes wird dann seine Neigung, sich schief zu machen geringer. An der Longe kann man zur Vorbereitung allmählich damit beginnen, das Pferd in seiner Längsachse der Zirkellinie anzupassen. Das muß beim jungen Pferd besonders vorsichtig geschehen, damit es keine Angst vor dem „Schraubstock" bekommt und vermieden wird, daß es sich gegen die Ausbindung wehrt.

Das junge Pferd sollte anfangs nicht durch Verkürzen des inneren Ausbindezügels zu einer ausgeprägten Innenstellung des Kopfes gezwungen werden: kurze, schnelle Wendungen werden im natürlichen Bewegungsablauf regelmäßig mit Außenstellung ausgeführt.

Deshalb ist das junge Pferd nur ganz allmählich und behutsam in seiner Längsrichtung der Zirkellinie anzupassen. Dementsprechend sollte, wenn Verspannungen zu erwarten sind, nicht sofort der innere Ausbindezügel kürzer verschnallt werden als der äußere, weil das Pferd sonst Platzangst bekommen kann.

Erst wenn das Pferd an die Ausbindezügel gewöhnt ist und ausgeschlossen werden kann, daß es Angst vor ihnen bekommt, kann der innere Ausbindezügel stärker verkürzt werden als der äußere und das Pferd damit vermehrt nach innen gestellt werden. Unter diesen Voraussetzungen kann das Pferd nun schneller gelöst werden als wenn man es gerade oder nach außen gestellt gehen läßt, weil es in der seitlichen Innenbiegung nicht die Kraft hat, sich dauerhaft zu verspannen.

Nuno Oliveira hat zu diesem Thema treffend gesagt: „Das Pferd sollte immer eine Banane sein – es darf nie eine Eisenstange werden!"

Häufige Handwechsel fördern die Elastizität und beugen Verspannungen vor.

Allmählich kann das Pferd durch ständiges Vergrößern und Verkleinern des Zirkels mit vielen Gangartenwechseln intensiver auf der Hand gearbeitet werden, auf der sich seine gewölbte Seite befindet, in der Regel rechts. Vor Übertreibungen sei jedoch gewarnt: Das denkbare Maximum der Anforderungen bewirkt nicht unbedingt den optimalen Erfolg!

Durch häufiges Variieren der Zirkelgröße, der Gangarten und des Raumgewinns ist die Aufmerksamkeit des Pferdes hinsichtlich der Anforderungen des Ausbilders zu erhalten.

SCHLAUFZÜGEL

Für empfindliche Pferde ist das Ausbinden an Schlaufzügeln zu empfehlen. Sie werden weniger einengend empfunden als starre Ausbindezügel und können, wenn sie tief verschnallt sind, das Vorwärts-abwärts-Strecken des Halses begünstigen, ohne daß die Nasenlinie hinter die Senkrechte gerät. Bei tiefer Verschnallung, zwischen den Pferdebeinen ansetzend, stabilisieren sie jedoch den Pferdehals weniger als starre Ausbinder und erfordern damit eine sehr weiche Anlehnung an der Longe, damit

Seitliches Übertreten des Pferdes und ...

der Pferdekopf nicht über das innere Vorderbein gezogen wird. Wenn dieser Fehler nicht ausgeschlossen werden kann, ist von der Anwendung tief verschnallter Schlaufzügel beim Longieren abzuraten. Aber auch wenn sie seitlich verschnallt sind und damit den Pferdehals stärker stabilisieren, werden sie vom Pferd regelmäßig als angenehmer empfunden als starre Ausbinder und tragen damit wesentlich zu einer schnelleren Entspannung bei.

HANDWECHSEL

Wer im Longieren noch ungeübt ist, kann mit dem bereits mehrfach erwähnten Handwechsel Schwierigkeiten bekommen.

Er wird zweckmäßigerweise durch Anhalten des Pferdes auf der Zirkellinie vorbereitet.

Hält das Pferd aus dem Schritt nicht auf Kommando an, bewegt man sich zügig nach vorne so in Richtung auf die Zirkellinie zu, daß man dem Pferd den Weg verstellen kann, wiederholt das Kommando und lobt das Pferd, wenn es sich durch diese Aktion anhalten läßt. Die Longe wird dabei hinreichend schnell, aber nicht eilig, in großen, geordneten Lagen aufgenommen. Die Peitsche wird währenddessen unter den Arm geklemmt, mit dem sie nach dem Handwechsel geführt wird.

Wird die Übung zweckmäßig ausgeführt, läßt sich das Pferd schon nach wenigen Wiederholungen anhalten, wenn man das Kommando mit kleinen Arrêts verbindet und sich etwas nach

... Herauslassen des Pferdes auf die Zirkellinie

vorn in Richtung auf die Zirkellinie bewegt. Dann dauert es nicht lange, bis man zum Halten im Zirkelmittelpunkt stehenbleiben kann. Man geht danach, Longe und Peitsche einholend, so auf das Pferd zu, daß es sich nicht zum Ausbilder umdreht, sondern auf der Zirkellinie abwartet, was von ihm erwartet wird.

Man dreht es dann durch eine Vor- oder Hinterhandwendung auf dem Zirkel um und läßt es nach dem Richtungswechsel im Schritt wieder angehen. Dabei bleibt man genügend weit hinten am Pferd, um dessen Vorwärtsschwung nicht zu bremsen, und bringt es wieder auf Anlehnung an der Longe.

Die Peitsche dazu sofort wieder am Pferd vorziehen und nicht defensiv hinter dem Rücken verstecken.

Wer mit dieser Prozedur keine Schwierigkeiten hat, kann es sich auch erlauben, das Pferd zum Handwechsel in die Zirkelmitte kommen zu lassen, um es von dort wieder auf die Zirkellinie zu schicken. Das ist aber nur zweckmäßig, wenn das Pferd so diszipliniert ist, daß es nicht ungewollt auf der Zirkellinie umdreht. Andernfalls sollte auf diese Form des Handwechsels verzichtet werden.

SEITLICHES ÜBERTRETEN

Sobald der Ausbilder dazu übergegangen ist, das Pferd allein zu longieren, kann er auch damit beginnen, es einige Schritte seitwärts übertreten zu lassen. Man beginnt damit aus dem Halten im Mittelpunkt des Zirkels. Beim Angehen im Schritt wird die Gerte oder Longierpeitsche waagerecht in Kniegelenkshöhe seitwärtstreibend eingesetzt. Weicht das Pferd der Gerte seitwärts aus, entläßt man es nach wenigen Schritten vorwärts auf die Zirkellinie.

▸ Longieren eines fortgeschrittenen Pferdes

Während das junge Pferd durch das Longieren in erster Linie auf die spätere Arbeit unter dem Reiter vorbereitet wird, kann das in der Ausbildung fortgeschrittene Pferd an der Longe schonend in Form gehalten und in seiner Elastizität verbessert werden. Dazu kann das Longieren jeweils vor dem Reiten beitragen: Das Pferd löst sich gewichtslos leichter und schneller als mit aufgesessenem Reiter und kann damit frisch an die hohe Leistung unter dem Reiter herangeführt werden.

ANLEHNUNG

Besonders zu achten ist beim fortgeschrittenen Pferd auf saubere Übergänge schon an der Longe. Das gelingt am besten bei einer guten Verbindung zwischen Hand und Kappzaum.

Anders als bei einem Pferd, das für die Freiheitsdressur vorbereitet wird und deshalb an durchhängender Longe geht, sollte bei einem Dressurpferd darauf geachtet werden, daß die Longe leicht ansteht.

Wenn das Pferd durch Vorziehen der Peitschenschnur in Richtung auf die Schulter oder das Maul nicht in eine hinreichend feste Anlehnung getrieben werden kann, ist die Longe so zu schütteln, daß sie eine Schlangenlinie bildet. Sie wirkt auf das Pferd bedrohlich und veranlaßt es, den Zirkel zu vergrößern und damit die gewünschte Anlehnung aufzunehmen.

Wichtig ist, daß der Ausbilder die Intensität der Bewegung so lange steigert, bis der gewünschte Effekt eintritt, und nicht vorher aufgibt.

Ist der notwendige Kontakt hergestellt, kann der Ausbilder jedes Kommando durch Zudrücken und erneutes Entspannen der Hand einleiten.

In der Wiener Schule wird dabei zwischen Paraden und Arrêts differenziert. Danach sind Paraden länger dauernde Zügelanzüge, die beruhigend wirken können. Die Gemütsverfassung des Ausbilders ist der Einwirkung seiner Hand anzumerken. Wenn er entspannt ist und damit Ruhe signalisiert, kann er diesen Zustand auf das Pferd übertragen. Oft genügt es, dem Pferd zu suggerieren, man sei ruhig und gestalte die Situation, um das Pferd und sich selbst tatsächlich zu beruhigen.

Es ist anzustreben, den gewünschten Effekt mit minimaler Einwirkung zu erreichen.

Neben dem bereits erwähnten Zudrücken und Entspannen der Hand kann auch eine Bewegung der Finger ohne Veränderung der Handstellung zweckmäßig sein. Dagegen sind bei einer feinen Reiterei Paraden mit Ein- und Ausdrehen der Hand nicht die Regel, sondern die Ausnahme.

Will man ein Pferd aufmerksam machen und lebhafte Bewegungen als Reaktion bewirken, können ganz kurze, belebende Zügelanzüge mit entsprechendem Nachgeben geboten sein, die als Arrêts bezeichnet werden. Die Aufmerksamkeit des Pferdes wird gesteigert, wenn jeweils in der Phase des Nachgebens treibende Hilfen überraschend in staccato einsetzen. In Erwartung nicht berechenbarer treibender

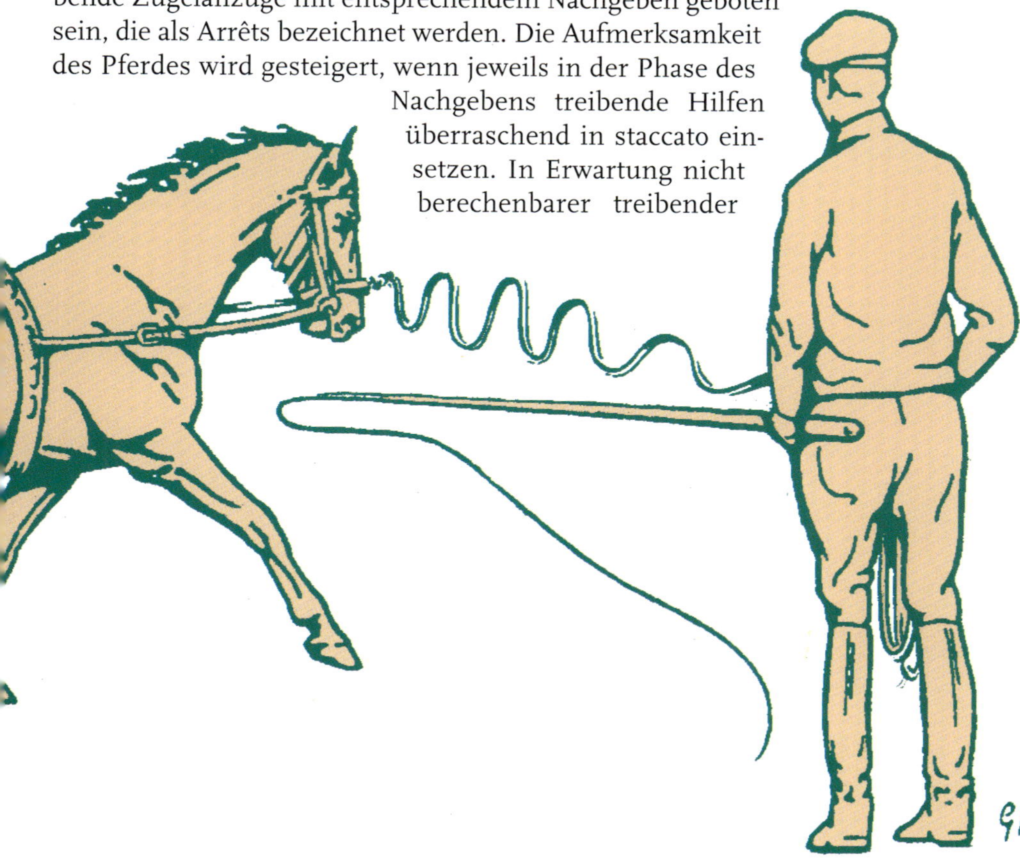

Schütteln der Longe, mit der bewirkt wird, daß das Pferd der Schlangenlinie ausweicht und die Anlehnung wiederhergestellt wird.

Hilfen wird das Pferd Arrêts nach wenigen Wiederholungen respektieren, auch wenn die treibenden Hilfen ausbleiben. Damit wird die gewünschte Aufmerksamkeit für die neuen Anforderungen hergestellt.

Ein feines Pferd kann man auf Paraden und Arrêts so abstimmen, daß ein Kommando überflüssig wird.

Immer wieder verblüffend ist für Zuschauer, die diesen Zusammenhang nicht kennen, wenn mein jetzt 87jähriger Vater Kurt Hinrichs, dem ich von allen meinen Lehrern bei der gewichtslosen Arbeit mit dem Pferd am meisten zu verdanken habe, sie bittet, bei einem aufmerksam im Schritt gehenden Pferd den genauen Ort des Angaloppierens (z. B. bei X) zu bestimmen: Seine Pferde springen allein durch im Handschuh unsichtbares Zudrücken (Schließen) der Hand tatsächlich ein.

Dieser Effekt gelingt jedoch nur dann, wenn man das Pferd ständig für sich interessiert und es nicht nur einfach seine Runden ablaufen läßt.

Unten: Andalusierhengst Ureo im Trab in Dehnungshaltung unter Ruth Giffels: Als Reaktion auf ein Öffnen der Finger streckt sich das Pferd vertrauensvoll vorwärts-abwärts.

MOTIVATION DURCH ABWECHSLUNG

Das Interesse des Pferdes kann schon durch stetiges Variieren der Zirkelgröße gesteigert werden: Je kleiner der Zirkel ist, um so mehr wirkt der Ausbilder durch seine Position treibend. Er muß deshalb auf verkleinertem Zirkel die Peitsche nur ganz spar-

Wichtige Aspekte beim Longieren

- Der Ausbilder bewegt sich souverän, bleibt in der Regel am Platz und gibt eindeutige Stimmhilfen.
- Die Longierpeitsche soll gut in der Hand liegen und lang genug zum Touchieren sein.
- Der Ausbilder stellt über Hand und Longe die Anlehnung her.
- Der Einsatz der Hilfen erfolgt in der Rangfolge: Stimme – Hand – Peitsche.
- Nur abwechslungsreiches, sinnvolles und dem Alter und Ausbildungsstand angepaßtes Longieren führt zu einem gelösten und aufmerksamen Pferd!

Oben links: Ein an der Longe entspanntes Pferd läßt sich auch unter dem Reiter leicht in Dehnungshaltung bringen, deren Beginn hier bei dem 4jährigen Kladruberhengst Generalissimus XXXI-2 zu sehen ist. Voraussetzung dafür ist, daß das Pferd eine gleichmäßige Anlehnung am Zügel vertrauensvoll akzeptiert.

sam bewegen, um ein aufmerksames Pferd zu bekommen, während ihr Einsatz auf größerem Zirkel erfahrungsgemäß intensiver sein muß. Häufige Gangarten- und Tempowechsel tragen ebenfalls zu einer erhöhten Aufmerksamkeit des Pferdes bei.

Auch die Verwendung von Cavalettis, über die das Pferd longiert werden kann oder an denen es abwechselnd vorbeilongiert wird, steigert die Aufmerksamkeit gegenüber dem Ausbilder. Durch unterschiedliche Anordnung kann dabei das Pferd wahlweise gelöst oder versammelt werden.

Alle diese Variationsmöglichkeiten sind nicht nur für das junge, sondern auch für das fortgeschrittene ältere Pferd hilfreich, und zwar insbesondere im Hinblick auf eine möglichst verschleißfreie Ausbildung. Auch dem ausgebildeten Pferd bekommt es gut, wenn es sich an der Longe gewichtslos immer wieder entspannt und durch sinnvolles Longieren Abwechslung in den Trainingsplan gebracht wird.

Neben dem Longieren bietet die gewichtslose Arbeit an der Hand – am kurzen Zügel – weitere Möglichkeiten der differenzierten Vorbereitung des Pferdes auf die Arbeit unter dem Reiter. Dabei lassen sich die Hilfen und ihre Wirkung im Vergleich zum Longieren noch differenzierter bestimmen, und zwar auch in Übungen, die sich an der Longe nur ungenau oder gar nicht durchführen lassen.

Arbeit an der Hand

Der Lipizzanerhengst Pluto Roviga bei der Entwicklung der Levade an der Hand

Ausrüstung und Hilfsmittel

Die Ausrüstungsgegenstände, die für die Arbeit an der Hand in Betracht kommen, sind überwiegend schon im Zusammenhang mit dem Longieren erörtert worden. Hilfreich kann zusätzlich ein Führzügel sein, der handlicher ist als die Longe und deshalb oft als angenehmer empfunden wird.

Welche Gerte für die Arbeit an der Hand verwendet werden sollte, hängt vom Ausbildungsziel (der jeweils zu erarbeitenden Lektion), den Eigenschaften des Ausbilders und denen des Pferdes ab.

Sollen Lektionen herausgearbeitet werden, mit denen eine lebhafte Aktion des Pferdes verbunden ist, z. B. Piaffe, muß die Gerte so elastisch sein, daß man mit ihr leicht vibrieren und diese Vibration auf das Pferd übertragen kann. Dafür kann auch eine Bogenpeitsche geeignet sein, mit der man, an der Innenseite mitgehend, beide Hinterbeine erreichen kann.

Dagegen kann eine feste Gerte für Lektionen geeignet sein, bei denen es besonders auf eine ruhige Reaktion des Pferdes ankommt, z. B. im Spanischen Schritt oder der Passage.

Eine festere ist auch denen zu empfehlen, die Arbeit an der Hand üben wollen und beim Führen der Gerte Schwierigkeiten mit der Feinmotorik haben: Wer noch nicht in der Lage ist, eine bewegliche Gerte genau dosiert einzusetzen, sollte zunächst eine feste Gerte benutzen, um Irritationen beim Pferd zu vermeiden.

Die Gertenlänge sollte der Größe des Pferdes und der beabsichtigten Lektion entsprechen: Man muß stets in der Lage sein, das Pferd mit der Gertenspitze zu berühren. Berührungen des Pferdes mit der Gertenmitte sind nur ausnahmsweise zweckmäßig, nämlich dann, wenn ihm Vertrauen zu diesem Gegenstand vermittelt werden soll.

Bei einem mittelgroßen Pferd haben sich Handarbeitsgerten mit einer Länge von 150 bis 160 cm bewährt.

Gerten, die zum Nachtreiben zur Piaffe bei der kombinierten Handarbeit mit selbständig einwirkendem Reiter verwendet werden, sollten aus Sicherheitsgründen noch länger sein. Für bestimmte Übungen, z. B. das Anheben der Vorderbeine, reicht eine Reitgerte von normaler Länge (100 bis 110 cm).

Ebenso wie die Longierpeitsche sollen Handarbeitsgerten leicht sein und angenehm in der Hand liegen, so daß der Ausbilder sich damit wohl fühlen kann und die Arbeit nicht mit Unbehagen wegen des nicht optimalen Handswerkszeugs beginnt.

Wenn die Handarbeitsgerte nicht aus Kunststoff, sondern aus Holz gefertigt ist, muß man sie sorgfältig behandeln und nach dem Gebrauch aufhängen oder auf einer ebenen Fläche ablegen, damit sie sich nicht verzieht. Verwendet man Naturgerten, z. B. aus Haselnuß oder Birke, so ist zu beachten, daß sich mit unterschiedlichem Feuchtigkeitsgehalt auch die Eigenschaften der Gerten verändern!

Bei höherem Feuchtigkeitsgehalt ist die Gerte beweglicher als bei geringerem. Wenn man Naturgerten also beweglich halten will, sollte man sie nach dem Abschneiden am stumpfen Ende ins Wasser stellen. Unterläßt man das, werden sie schnell unbeweglicher. Die sich verändernde Konsistenz einer Naturgerte kann dazu führen, daß das Pferd sie aufmerksamer beachtet als stets gleichbleibende Gerten aus künstlichem Material.

Von Bedeutung kann in der Praxis die Farbe der Gerte sein: Eine dunkle ist für das Pferd weniger auffällig als eine helle. Ein feines oder auch nervöses Pferd sollte nicht durch eine weiße Gerte zusätzlich beunruhigt werden. Hier ist eine schwarze vorzuziehen. Ein unmotiviertes Pferd kann dagegen allein durch die Wahrnehmung einer helleren Gerte aufmerksamer werden.

Wer seine Gerte als hochwertiges Handwerkzeug zu schätzen weiß, wirft sie während der Arbeit mit dem Pferd nicht achtlos auf den Boden. Neben der Schonung des Materials sprechen auch Sicherheitsaspekte gegen dieses oft zu beobachtende Verhalten, das einen Mangel an reiterlicher Kultur erkennen läßt.

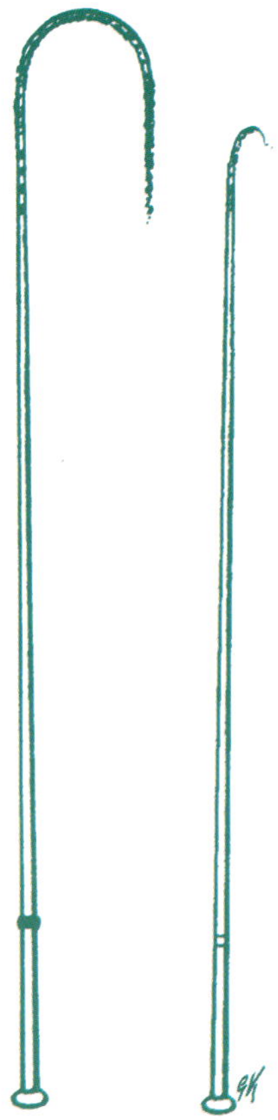

Eine Bogenpeitsche (links) kann hilfreich sein, um beide Hinterbeine des Pferdes zu berühren. Eine Handarbeitsgerte (rechts) erleichtert die genaue Einwirkung.

Lösende Übungen an der Hand

Eine zufriedenstellende Zusammenarbeit von Mensch und Pferd setzt voraus, daß beide physisch und psychisch ausgeglichen sind.

Es gibt eine Reihe von Übungen, mit denen das Pferd in diesem Sinne gelöst werden kann. Um dem ungeübten Reiter Schwierigkeiten bei der Zuordnung zu ersparen, ist in der Militätreiterei, aus der sich die heutige Turnierreiterei entwickelt hat, zwischen lösenden und versammelnden Übungen unterschieden worden.

Diese Zuordnung hat sich generell bewährt. Manche Übungen können jedoch unter bestimmten Voraussetzungen, auf die noch eingegangen wird, beiden Kategorien zugeordnet werden. Betrachten wird jedoch zunächst die lösenden Übungen, die auch von weniger routinierten Reitern nach relativ kurzer Vorbereitungszeit an der Hand ausgeführt werden können.

Abkauen lassen an der Hand

Viele Verspannungen im Maul-Genick-Hals-Bereich des Pferdes, die unter dem Reiter evident werden, lassen sich schonend an der Hand durch Abbiegeübungen beseitigen.

Dazu stellt sich der Ausbilder vor das Pferd und richtet es bei senkrecht positioniertem Kopf gerade. Durch leichte Zügelanzüge wird der Kopf dann langsam abwechselnd nach links und danach nach rechts gestellt. Dabei wird darauf geachtet, daß das Pferd zu kauen beginnt! Wenn dieses Ziel erreicht ist, wird nur noch eine ganz leichte Anlehnung bei ruhiger Hand aufgenommen. Sie wird vom Pferd als Belohnung für das seitliche Nachgeben und das Kauen empfunden.

Nicht jedes Pferd bietet das Kauen als Reaktion auf das seitliche Abbiegen von selbst an. Das Kauen ist aber als Element der Durchlässigkeit für die Arbeit unter dem Reiter absolut erforderlich, wenn der Reiter darauf Wert legt, daß das Pferd auf geringste Einwirkungen mit dem Zügel zuverlässig reagiert.

Das Kauen ist ein Zeichen dafür, daß das Pferd sich entspannt, und nur ein entspanntes Pferd respektiert feine Zügelhilfen.

Bei Pferden, die von sich aus nicht kauen, kann man während des Abbiegens durch Anziehen des äußeren Zügels nach vorn gegen den Gaumen und gleichzeitig des inneren

Zügels nach hinten in Richtung auf Zunge und Kinnladen ein Öffnen des Maules bewirken und damit das Kauen einleiten.

Wenn man also den Pferdekopf nach links abbiegt, wird der Zügelanzug rechts nach vorn und links nach hinten gegeben. Wenn das Pferd das Maul öffnet und damit das Kauen einleitet, müssen die Zügelanzüge sofort aufhören und das Pferd sollte gelobt werden, damit es versteht, daß das Kauen von ihm erwartet wird. So kann das entspannte Kauen das Ergebnis eines Lernprozesses sein, ohne daß das Pferd vorher müde gejagt worden ist.

Wenn das Pferd nach dem Öffnen des Mauls nicht kaut und es sofort wieder schließt, ist das kein Unglück: Man braucht dann aus einer entspannten Grundhaltung die Einwirkungen zum Öffnen des Maules nur zu wiederholen. In den meisten Fällen wird das Pferd nach wenigen Wiederholungen anfangen zu kauen, und das später schon dann, wenn die Abbiegeübungen einsetzen. Voraussetzung dafür ist allerdings, daß das Kauen nicht durch ein zu eng geschnalltes Sperrhalfter unmöglich gemacht wird.

Bei einigen Pferden, die besonders schwer zum Kauen zu bringen sind, kann man nach dem bewirkten Öffnen des Maules die positive Tendenz verstärken, indem man ihnen eine Belohnung durch Futter gewährt. Bewährt haben sich hier besonders saure Apfelstückchen.

Ein Pferd, das an der Hand gelernt hat, als Reaktion auf eine Parade zu kauen, wird dieses Verhalten auch unter dem Reiter beibehalten und damit auf Aktionen der Hand nachgiebig reagieren – immer vorausgesetzt, daß der Reiter seine Hand zielgerichtet einsetzt und das Pferd nicht durch Handfehler stört.

Abkauen lassen an der Hand

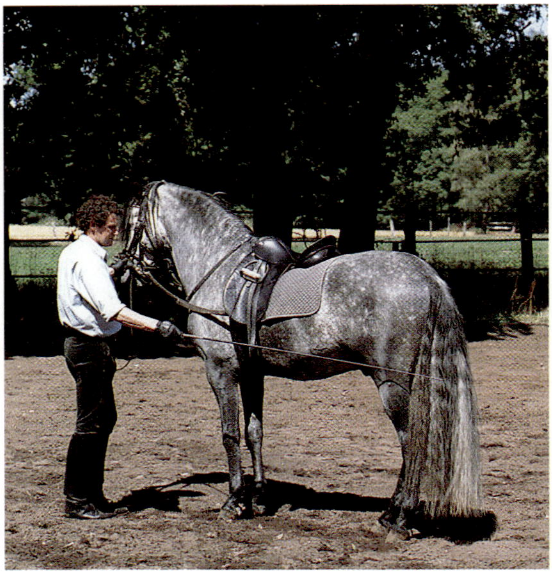

Gewöhnung des Pferdes an die Gerte

Schon sehr früh sollte das Pferd mit der Gerte vertraut gemacht werden. Beruhigend wirkt das langsame Hinuntergleiten am Pferdekörper, angefangen an der Kruppe bis hinunter zu den Fesselköpfen. Wenn das junge Pferd diese Berührung im Halten akzeptiert, sollte es sehr gelobt werden. Auf diese Weise lernt es, daß die Gerte in erster Linie Dressurmittel ist. Bleibt das Pferd entspannt, kann man die Übung im Schritt wiederholen.

Schon am zweiten Tag kann man die Arbeit an der Hand mit einem solchen Abwärtsstreichen der Gerte am Pferd im Schritt einleiten und damit die Stimmungslage erkunden: Da die Bewegung generell beruhigend wirkt, kommt man in der Folge mit besonders geringen Einwirkungen aus, wenn das Pferd gleichwohl lebhaft antritt.

Ist es dagegen durch die Gerte so beruhigt, daß es geradezu von sich aus anhält, wird man in der Folge mehr Energie einsetzen müssen, um lebhafte Bewegungen zu bewirken.

Belebend wirkt ein schnelles Anheben der Gerte von den Fesselköpfen nach oben und kann in der Bewegung als Hilfe eingesetzt werden, um mehr Schwung und eine höhere Trittfrequenz zu entfalten.

Diese Zusammenhänge können für die weitere Ausbildung nutzbar gemacht werden. An dieser Stelle wird bewußt nicht auf

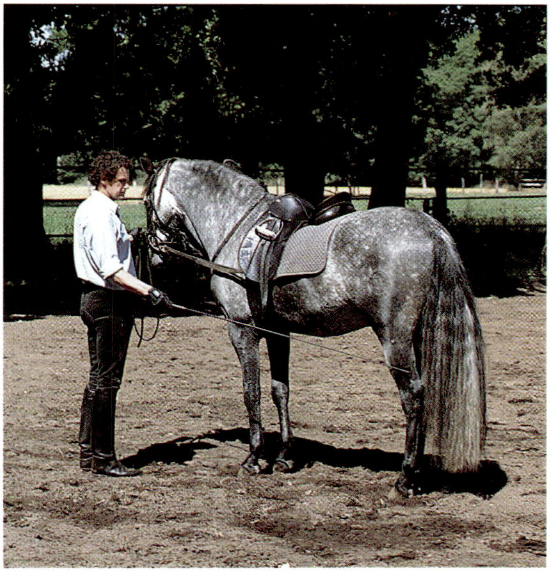

Gewöhnung des Pferdes an die Gerte: Langsames Herabstreichen der Gerte von der Kruppe bis zu den Fesselköpfen wirkt beruhigend. Der Ausbilder kann aus der Reaktion des Pferdes Schlüsse auf dessen psychische Verfassung ziehen und sie für den Einsatz der Hilfen berücksichtigen.

das Touchieren der Vorderbeine eingegangen. Von dieser Möglichkeit sollte generell erst in einem späteren Stadium der Ausbildung Gebrauch gemacht werden, wenn das Pferd sich ohne Schwierigkeiten lösen und bis zu einem gewissen Grad versammeln läßt. Ohne hinreichende Vorbereitung kann das Touchieren der Vorderbeine Ungehorsam der Pferdes provozieren.

▶ Seitliches Übertreten an der Hand

Wenn das Pferd im Zusammenhang mit dem Anlongieren – wie bereits beschrieben – daran gewöhnt ist, beim Herausgehen auf die Zirkellinie der waagerecht auf Kniegelenkshöhe gehaltenen Longierpeitsche oder Gerte einige Schritte seitwärts auszuweichen, kann man das seitliche Übertreten als lösende Übung auch in längeren Reprisen in das Arbeitsprogramm aufnehmen.

Das Pferd wird dabei wie im Schulterherein im Halsbereich ganz leicht gegen die Gangrichtung gestellt, aber nicht gebogen.

Anfangs begnügt man sich mit einer halben langen Seite oder weniger, später kann man die Reprisen verlängern und das Pferd auch eine ganze lange Seite seitlich übertreten lassen.

Es hat sich als zweckmäßig erwiesen, das Pferd dabei an der Trense seitlich auszubinden und am Kappzaum zu führen. Ob das Pferd exakt an den Hilfen ist, läßt sich besser auf dem Hufschlag als auf der Zirkellinie feststellen. Am leichtesten ist die Anforderung dem Pferd verständlich zu machen, indem man zunächst die Vorhand nach außen gegen die Bande richtet, die als optische Begrenzung wirkt. So kommt man von Anfang an mit sparsamen Zügelhilfen aus. Für den Ungeübten kann dabei die Schwierigkeit auftreten, daß das Pferd zuviel seitliche Abstellung aufnimmt und schließlich ungewollt sogar eine Vorhandwendung macht. Dem kann man vorbeugen, indem man deutlich das Ziel – das Ende der jeweiligen Seite – anschaut und sich geradeaus darauf zubewegt.

Beobachtet man statt dessen das Pferd, besteht die Gefahr, daß man selbst nicht zügig genug vorwärtsgeht und damit zu stark bremsend wirkt. Hat das Pferd verstanden, was wir von ihm verlangen, kann man es ohne optische Begrenzung mit nach innen gerichteter Vorhand übertreten lassen.

Das Pferd sollte anfangs immer geradeaus gestellt werden, bevor es am Ende der Reprise angehalten wird. Auf die Weise wird dem Fehler vorgebeugt, daß das Pferd, statt anzuhalten, sich um den bereits still stehenden Ausbilder dreht.

Zum Geradestellen sollte das Pferd mit der zügelführenden Hand durch kurzen, deutlichen Druck gegen den Kopf (im Maulbereich) aus der Seitwärtsbewegung auf die gerade Linie zurück-

Seitliches Übertreten beim Herauslassen des Pferdes auf die Zirkellinie

Seitliches Übertreten: Die Einfassung des Reitplatzes wirkt als optische Begrenzung. Eine hohe Bande würde den Vorwärtsdrang des Pferdes noch stärker bremsen.

geführt werden. In seitlicher Abstellung sollte sein Pferd nur anhalten, wer bereits hinreichend Erfahrung mit der Arbeit an der Hand hat und wem es nicht passieren kann, daß sich das Pferd ungewollt um ihn dreht oder in anderer Weise überraschend das Programm gestaltet.

Wenn solche Effekte ausgeschlossen werden können, bietet das Anhalten in seitlicher Abstellung jedoch den Vorteil, daß das Pferd aufmerksamer auf die Wünsche des Ausbilders reagiert und sich insbesondere in der Schrittfrequenz besser bestimmen läßt.

Nochmals sei betont, daß die Anforderung des Ausbilders stets mit der Stimme eingeleitet werden sollte, damit die übrigen Hilfen auf ein Minimum reduziert werden können. Wenn der Ausbilder nach diesem Grundsatz verfährt, vergegenwärtigt er sich sein Konzept und richtet auch seine Körpersprache auf das gewünschte Verhalten des Pferdes aus.

KÖRPERSPRACHE

Der Ausbilder muß einen gewissen Abstand zwischen dem Pferd und sich selbst herstellen und erhalten, um seine Position als Ranghöherer zu dokumentieren. Im natürlichen Herdenverband junger Hengste wird bei Rangstreitigkeiten der rangniedere Artgenosse distanzlos, um den ranghöheren unter Einsatz seiner Körpermasse zu unterwerfen. Der Mensch ist dieser Masse stets unterlegen und muß verhindern, daß eine solche Rangstreitigkeit entsteht.

Um das Pferd auf Distanz zu bringen, kann man mit der zügelführenden Hand vibrieren. Vibrierende Hände sind dem Pferd unheimlich. Dieser Effekt sollte genutzt werden, damit die ranghöhere Position des Menschen nicht in Frage gestellt wird. Er kann dadurch verstärkt werden, daß das Pferd aus der Vibration heraus mit den Handknöcheln energisch seitwärts am Kopf kurz berührt wird.

Das Pferd darf mit der gertenführenden Hand nicht berührt werden, denn Druck erzeugt Gegendruck. Die Gerte muß vielmehr genauso wie die zügelführende Hand dazu benutzt werden, das Pferd auf Distanz zu halten. **Erleichtern kann man sich diese Aufgabe, indem man die Gertenspitze stets näher am Pferd führt als die gertenführende Hand** – für den Ungeübten eine schwierige Aufgabe! Auf diese Weise kann man aus der Berührung mit der Gertenspitze das Pferd wieder auf Abstand bringen, wenn die Gefahr besteht, daß er verlorengeht.

Dabei kommt es darauf an, die Gerte souverän zu führen. Sie wird deshalb zweckmäßigerweise so gehalten, daß sie in der nach oben zeigenden Handfläche liegt und von den Fingern so umschlossen wird, daß man – wenn keine Handschuhe getragen würden – die Fingernägel von oben schimmern sähe. Will der Ausbilder den Vorwärtsschwung des Pferdes verringern und zum Beispiel zum Halten durchparieren, **darf er die gertenführende Hand auf keinen Fall in Richtung auf die Hinterhand des Pferdes bewegen. Er wirkt sonst ungewollt verstärkt treibend mit der Folge, daß die Harmonie gestört wird.**

Für den Ungeübten kann es problematisch sein, die Gerte zum seitlichen Übertreten konstant auf Kniegelenkshöhe waagerecht zu halten. Wer dabei Schwierigkeiten hat, sollte sich im Hinblick darauf immer wieder korrigieren lassen und sich die Gertenspitze als Verlängerung des Zeigefingers suggerieren, dessen Haltung leicht bestimmbar ist.

Am relativ gestreckten Arm mit der Hand in Höhe des Pferdemaules wird das Pferd auf Abstand gehalten. Wenn das Pferd ihn unterschreitet will, kann vibrierend mit zunehmender Energie der Pferdekopf berührt und der Abstand gesichert werden. Der Ausbilder bewegt sich im Schulterbereich des Pferdes, so daß das Pferd vor seinem Auge keine optische Bremse durch den Körper des Menschen empfindet. Die Position vor dem Pferdeauge ist nur bei Pferden angebracht, die vorwärts stürmen und aufgehalten werden müssen.

Eine feine Differenzierung der Gertenhöhe ist erforderlich, wenn man später auch Lektionen mit dem Pferd an der Hand ausführen will, ohne daß es seitwärts ausweicht.

Dabei kann man es so abstimmen, daß es mit der Gerte an der Kruppe getrieben ohne seitliches Übertreten vermehrt Vorwärtsschwung entfaltet, dagegen auf Treiben in Höhe des Sprunggelenks und tiefer die Bewegung verkürzt und sich stärker versammelt.

Der Ausbilder muß in die Bewegungsrichtung sehen. Macht er den Fehler, sich nur auf die Hinterbeine zu konzentrieren, wirkt er körpersprachlich zu wenig vorwärts und zu stark seitwärts treibend. Er riskiert damit eine zu starke seitliche Abstellung des Pferdes, durch die die Harmonie des Bewegungsflusses gestört wird.

Regelmäßig kommt es bei diesem Fehler dazu, daß das Pferd die Linie verläßt, auf der es sich bewegen soll. Damit ist der Ausbilder nicht mehr in der Aktion, sondern in der Reaktion. Dieser Zustand ist zu vermeiden: Das Pferd muß von der Aktion des Menschen fasziniert sein, nicht umgekehrt!

Also: Nicht an den Hinterbeinen des Pferdes festgucken, sondern das Ziel der Bewegung im Auge behalten! Nur so kann man das Pferd überzeugen, daß man ein Konzept hat, das umgesetzt wird.

Daneben kann es hilfreich sein, für kurze Momente immer wieder die Mimik des Pferdes zu beobachten, ohne dabei das Konzept zu vergessen. Ein erfahrener Beobachter kann dem Gesichtsausdruck des Pferdes ansehen, wie es sich sogleich verhalten wird, und kann durch eine für das Pferd unerwartete Aktion einem Fehlverhalten des Pferdes zuvorkommen.

Wer anstrebt, daß sein Pferd kooperativ ist, muß zunächst einmal erreichen, daß es einen kooperativen Gesichtsausdruck bekommt. Ist das geschafft, hat man schon fast gewonnen!

Hat also zum Beispiel das Pferd während des seitlichen Übertretens während eines Zeitraumes von einigen Sekunden oder länger beide Ohren vorn und nicht wenigstens eins beim Ausbilder, kann man nicht erwarten, daß es aufmerksam auf feine Paraden reagiert.

In einer solchen Situation ist deshalb die Aufmerksamkeit des Pferdes wieder auf den Ausbilder zu lenken.

Dazu kann das Pferd kurz und deutlich angesprochen werden – unter Umständen auch durch einen dezenten Zungenschnalzer – und wenn daraufhin der Gesichtsausdruck des Pferdes keine Hinwendung zum Ausbilder erkennen läßt, ein Touchieren mit der Gerte nachgesetzt werden.

„Jeder Reiter muß ein Psychologe sein, um sich durch kleine und kleinste Anzeichen das richtige Urteil über das Verhalten des Pferdes zu bilden und die Konsequenzen daraus zu ziehen."

Alois Podhajsky

Wichtige Aspekte bei der Arbeit an der Hand

- Die Ausrüstung soll zweckmäßig und dem reiterlichen Können angepaßt sein. Für den Ungeübten empfehlen sich Ausbindung und Kappzaum.
- Stets den Individualabstand wahren oder herstellen.
- Den Blick weg vom Pferdekörper hin zum Weg bzw. Ziel wenden und Bahnfiguren genau einhalten (nicht „irgendwo“ ankommen). Festgucken an den Hinterbeinen des Pferdes vermeiden.
- Die gertenführende Hand bleibt immer weg vom Pferd, die Gertenspitze am Pferd. Auf ein souveränes, unverkrampftes Führen der Gerte inklusive eigener „Wohlfühl“-Suggestion achten.
- Übungseinheiten kurz halten: Bei Erfolg loben und Übung beenden.
- Die eigene gleichmäßige Schrittlänge ist Vorgabe für die vom Pferd gewünschte.
- Die gewünschte Aktion wird dem Pferd durch Stimme und Ausstrahlung vorgegeben (z. B. auf „An“ selber losgehen, das Pferd mitnehmen).
- Konzept im Blick behalten und überprüfen. Ruhige und doch bestimmte Korrektur mit **positiver** Vorgabe bei unerwünschtem Verhalten.

Wenn das Pferd daraufhin den Ausbilder aufmerksam beobachtet, ist die Arbeitsphase sofort zu unterbrechen und das Pferd zu loben. Danach kann die Arbeit mit einer neuen Anforderung und feineren Einwirkungen fortgesetzt werden.

Auf diese Weise lernt das Pferd, daß auch feine Äußerungen des Ausbilders zu beachten sind und „Höflichkeit" nicht ein Zeichen von Schwäche ist. Wenn man nach diesem Prinzip verfährt, beugt man der Gefahr vor, daß das Pferd die Grenzen der Kraft des Ausbilders testet.

Der ranghöhere Ausbilder bestimmt die Bewegungsrichtung. Er muß souverän wirken und darf nicht defensiv den Bauch einziehen. Andernfalls besteht die Gefahr, daß das Pferd distanzlos wird und die Führung übernimmt.

Wer den Bauch einzieht, verliert oft auch das Gefühl für die senkrechte Körperhaltung und bewegt seinen Oberkörper mehr auf das Pferd zu, als ihm selbst bewußt ist. Das Pferd kann sich dadurch unangenehm bedrängt fühlen. Bei normaler natürlicher Aggressionsbereitschaft wird es mit seiner Körpermasse gegen den Menschen drücken, um die Situation zu verändern.

Relativ gestreckte Arme können dazu beitragen, das Pferd auf Distanz zu halten.

Links: Seitliches Übertreten: Die im Bild hoch getragene Führhand wirkt stärker bremsend als eine tiefer gehaltene. Die Handhöhe sollte immer dem angestrebten Raumgewinn der Bewegung angepaßt werden. Sind Aufwärts-Arrêts erforderlich, sollte die Hand danach beim Übertreten im Schritt auf Höhe des Pferdemauls gehalten werden.

Rechts: Seitliches Übertreten: Durch eine zweckmäßige Ausbindung und nur leichte Anlehnung ist sicherzustellen, daß das Pferd in der Übung annähernd gerade bleibt.

Oben: Ein häufiger Anfängerfehler: Wer nur die Aktion der Hinterfüße des Pferdes beobachtet, merkt zu spät, wenn das Pferd zuviel seitliche Abstellung bekommt und beginnt, sich um den Menschen herumzudrehen. Viele, denen das passiert, versuchen dann das Pferd mit deutlichem Körperkrafteinsatz wieder auf die gewünschte Linie zurückzuführen. Harmoniestörungen sind die Folge.

Unten: Fehlerhaft: Defensives Einziehen des Bauches, verbunden mit einem Vorneigen des Oberkörpers, bewirkt, daß der Ausbilder die notwendige Distanz zum Pferd aufgibt. Aus diesem Fehler ergeben sich häufig innerhalb kürzester Zeit Dominanzprobleme.

Rechte Seite: Seitliches Übertreten: Das Pferd wird deutlich auf Distanz gehalten. Die Gerte wird so geführt, daß die Gertenspitze dem Pferd näher ist als die gertenführende Hand. Im Bild beobachtet der Ausbilder die Mimik des Pferdes, aus der Schlüsse auf das unmittelbar bevorstehende Verhalten des Pferdes gezogen werden können.

Um nicht krampfig zu wirken, muß man sich bei den ersten Versuchen in der ungewohnten Körperhaltung suggerieren, daß man sich wohl fühlt. So strahlt man eine Autorität aus, die vom Pferd als angenehm empfunden wird. Das Pferd vertraut nur einem selbstbewußten Ranghöheren, der keine Schwierigkeiten mit dem Einsatz seines Körpers hat.

Das Pferd vertraut nur einem selbstbewußten Ranghöheren, der keine Schwierigkeiten mit dem Einsatz seines Körpers hat.

ZÜGELFÜHRUNG

Erste Erfahrungen mit dem seitlichen Übertreten macht man zweckmäßigerweise mit einem – wie bereits beschrieben – seitlich an der Trense ausgebundenen Pferd, das man mit dem Führzügel am Kappzaum führt. Die seitliche Fixierung des Pferdekopfes erleichtert die Arbeit, wenn man noch wenig Übung hat: Das Pferd kann damit nicht so leicht den Hals verbiegen und über die äußere Schulter ausfallen.

Es gibt aber sensible Pferde, die auf das Ausbinden aggressiv oder nervös reagieren. Ist man hinreichend geschickt, kann man von der Regel abweichen und auch ohne Hilfszügel arbeiten.

Man nimmt den inneren Zügel so kurz, daß man mit dem Zeigefinger in den Trensenring greifen kann. So kann man die Position des Kopfes genau bestimmen: Zunächst muß man sich dazu ein „inneres Bild“, also eine Vorstellung verschaffen, in welchem Rahmen und mit welcher Kopfhaltung das Pferd die gewünschte Übung am besten ausführen kann. Diesem „inneren Bild“ wird das Pferd angepaßt.

Trägt das Pferd den Kopf zu hoch, kann durch Zug am Zügel nach unten das Genick tiefer eingestellt und die Nasenlinie genau in der Senkrechten positioniert werden. Der Zügelanzug muß sofort beendet werden, wenn das Pferd die gewünschte Kopfhaltung einnimmt. In diesem Moment darf nur noch eine ganz weiche Anlehnung, fast auf Zügelgewicht, beibehalten werden, die dem Pferd angenehm ist.

Bohrt dagegen das Pferd mit dem Kopf nach unten, kann man es durch einen kurzen, deutlichen Zügelanzug nach oben aufrichten und die Anlehnung auf das angenehmere Maß minimieren.

Wichtig ist, daß schon bei dieser Vorbereitung die Kopfhaltung des Pferdes zentimetergenau bestimmt wird und nichts dem Zufall überlassen bleibt.

Den äußeren Zügel läßt man nahe dem Widerrist über den Hals gleiten und hält ihn in der gertenführenden Hand. Für den Anfänger kann es dabei zunächst schwierig sein, die optimale Zügellänge zu bestimmen. Sie sollte so bestimmt werden, daß der Einsatz der Gerte nicht beeinträchtigt wird.

Positionierung des Pferdekopfes mit innerer Hand im Trensenring

Der länger angefaßte innere Zügel ermöglicht dem Ausbilder, weiter hinten am Pferd zu gehen und damit durch die Körperposition weniger bremsend zu wirken als bei einer Führung im Trensenring. Die genaue Einstellung des Pferdekopfes ist so jedoch erheblich erschwert. Diese Führung ist deshalb Anfängern nicht zu empfehlen.

Ist der äußere Zügel zunächst zu kurz gefaßt, kann man während eines Öffnens der Hand mit ihr daran heruntergleiten und sie dann wieder schließen, wenn eine Handhöhe erreicht ist, aus der heraus man die Gerte souverän einsetzen kann.

Ist der äußere Zügel zu lang gefaßt und gerät dementsprechend die gertenführende Hand in eine unangenehm tiefe Position, kann man die Hand öffnen, sie im Kontakt mit dem Zügel nach oben gleiten lassen und in angemessener Höhe wieder schließen.

Durch Zug am äußeren Zügel ist eine zu starke Innenstellung zu verhindern. Dabei sollte man bestrebt sein, mit festem Zudrücken und wieder Öffnen der Hand auszukommen, ohne ihre Position zu verändern. Wenn das ausnahmsweise nicht ausreicht, sollte sie seitlich vom Pferd nach innen entfernt werden, damit sich der äußere Zügel verkürzt.

Es sei nochmals betont, daß diese Hand auf keinen Fall am Pferd nach hinten bewegt werden darf, weil sie sonst treibend wirkt und das Pferd dadurch ungewollt verstärkt auf die Hand kommt, was regelmäßig eine Harmoniestörung zur Folge hat!

▸ Fillis-Führung

Fortgeschrittene Pferde können zur Arbeit an der Hand auch auf Kandare gezäumt werden. Dazu empfiehlt sich zumindest auf der inneren Seite die Fillis-Führung, benannt nach ihrem prominenten Anwender James Fillis. Dabei wird der Trensenzügel von oben nach unten durch die Hand geführt und der Kandarenzügel in umgekehrter Richtung von unten nach oben.

Um die Zügellänge differenzierter verändern zu können, kann man den Kandarenzügel von unten auch so durch die Hand führen, daß er sie zwischen Zeige- und Mittelfinger wieder verläßt. Welche der beiden Varianten gewählt wird, sollte vom größeren persönlichen Wohlbefinden abhängig gemacht werden.

Man kann bei der Fillis-Führung den Trensenzügel allein einwirken lassen, indem man den Handrücken nach oben dreht und damit jeglichen Zug aus dem Kandarenzügel nimmt. Alternativ kann man die Kandare verstärkt einwirken lassen, indem

Der Kladruberhengst Sacramoso XXXIX-25 Xantora in der Trabverstärkung, geführt auf Fillis-Führung.

man die Handfläche mit den daran angelegten Fingern nach oben dreht und damit die Trense völlig ausschaltet. Mit der Trense kann das Pferd aufgerichtet werden, mit der Kandare kann es beigezäumt werden. Man kann also mit dieser Führung ganz fein differenzieren.

Voraussetzung dafür ist allerdings, daß man bei ihrer Anwendung eine gewisse Geschicklichkeit erlangt. Man bekommt sie am schnellsten, wenn man sich schon bei den ersten Versuchen suggeriert, daß man sich wohl fühlt. Nur wenn es gelingt, diese optimistische Grundhaltung herzustellen, wird sich der optimale Erfolg einstellen.

Während beim Reiten mit Fillis-Führung die Zügel in der beschriebenen Form in beiden Händen geteilt werden, kann man bei der gewichtslosen Arbeit davon absehen, die Zügel in der äußeren – gertenführenden – Hand entsprechend zu teilen, damit die souverän-ruhige Gertenführung nicht beeinträchtigt wird. Die hinreichend differenzierte Einwirkung kann schon mit der inneren Hand durch ihre Position direkt am Pferdemaul gesichert werden.

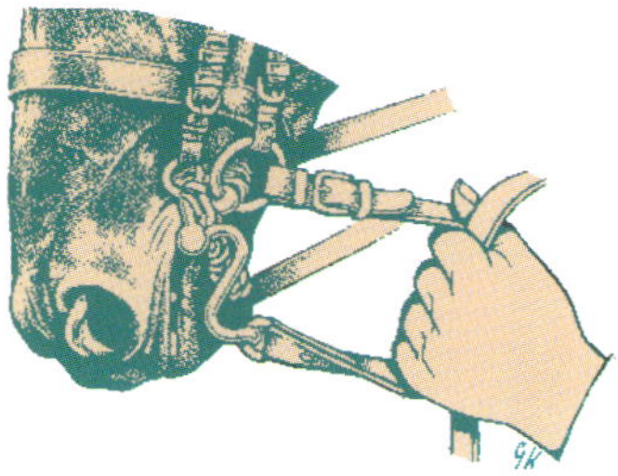

Die Fillis-Führung

Kladruberhengst Favory Ravella bei der Gewöhnung an die Fillis-Führung

Versammelnde Übungen

Wenden wir uns jetzt wieder der Ausbildung des Pferdes zu. Ziel der bisher erörterten Übungen ist das Lösen des Pferdes. Wenn das Pferd hinreichend gelöst ist, kann man mit den versammelnden Übungen beginnen.

Wesentliches Merkmal der Versammlung ist das Annähern der Hinterbeine des Pferdes an seine Vorderbeine bei vermehrter Lastaufnahme der Hinterhand. Durch die verkleinerte Unterstützungsfläche wird das Gleichgewicht instabiler, und die Bewegungen des Pferdes werden durch feinere Einwirkungen des Reiters bestimmbar.

Das Pferd, das sich bei leichten Hilfen wohl fühlt, wird darauf auch in Lektionen mit größerem Raumgewinn reagieren. Insofern ist die Versammlungsfähigkeit des Pferdes nicht nur für die Hohe Schule von Bedeutung, sondern unter Sicherheitsaspekten auch für den Gebrauchsreiter von Vorteil, der die Bewegungen seines Pferdes ohne Gewaltanwendung in allen Richtungen bestimmen will.

Einige Übungen können, wie bereits erwähnt, sowohl lösende als auch versammelnde Wirkung haben. Nach der gegenwärtigen auf der Militärreiterei basierenden Lehre werden sie jedoch entweder dem Katalog der lösenden oder der versammelnden

Übungen zugeordnet, damit der Anfänger keine Schwierigkeiten mit dem Aufbau der Ausbildung bekommt. Auf Besonderheiten dieses Themas wird später noch eingegangen.

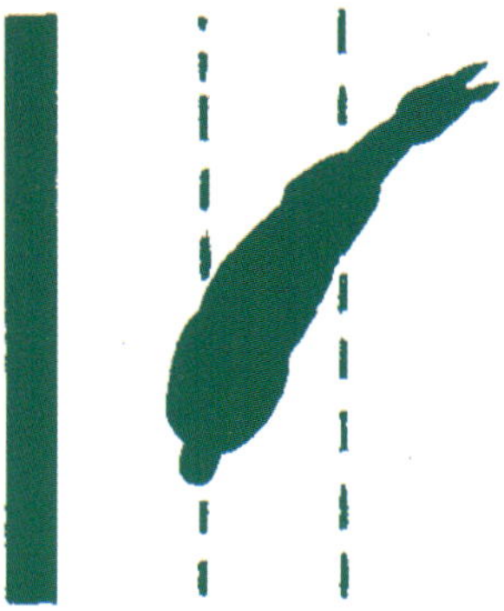

Schulterherein

Schulterherein

Beim bisherigen seitlichen Übertreten sollte das Pferd im Rumpfbereich möglichst gerade bleiben und nur im Kopf-Hals-Bereich leicht nach innen gestellt sein, während es beim Schulterherein vom Genick bis zum Schweif in der Wirbelsäule gleichmäßig leicht nach innen gebogen ist. Dabei hat der Ausbilder exakt die seitliche Abstellung zu bestimmen.

In Dressurprüfungen wird das Schulterherein auf drei Hufspuren ohne seitliches Kreuzen der Hinterbeine verlangt.

Dagegen wird das Schulterherein nach barocker Manier entsprechend der Lehre seines Erfinders François Robichon de la Guérinière auf vier Hufspuren mit seitlichen Kreuzen der Hinterbeine ausgeführt. In dieser Form hat die Übung sowohl eine lösende als auch eine versammelnde Funktion und macht das Pferd geschickter im Gebrauch seiner Beine. Die Verfügbarkeit des Pferdes auf feine Reiterhilfen wird damit verbessert. Wer diese Ausführung ablehnt, sollte sich nicht auf Guérinière als bedeutendsten Klassiker der Reitgeschichte berufen.

Es macht allerdings keinen Sinn, die unterschiedlichen Lehrmeinungen zur seitlichen Abstellung im Schulterherein zu einer Frage der Weltanschauung hochzustilisieren und sich in der Diffamierung der Vertreter der jeweils anderen Auffassung zu erschöpfen. Für die Praxis ist es wichtiger, daß das Maß der seitlichen Abstellung vom Ausbilder exakt bestimmt wird, sei sie nun größer oder kleiner.

ENTWICKLUNG DES SCHULTERHEREINS

Muskulatur wird am wirksamsten in langsamen Bewegungen gelöst. Bei schnellen Bewegungen besteht die Gefahr, daß die Muskulatur sich nach der Dehnung sofort wieder zusammenzieht. Das Pferd kann deshalb besonders gut in einem zeitlupenartigen Schritt gelöst werden.

Für den Ungeübten ist dieser langsam-gleichmäßige Schritt zunächst mit einigen Schwierigkeiten verbunden: Für viele Pferde ist diese unscheinbare Aufgabe anstrengend. Sie neigen dazu, entweder im übereilten Tempo gegen die Hand zu drücken und Paraden zu ignorieren oder aber stehenzubleiben.

Um diese beiden Extreme zu verhindern, bietet sich die Möglichkeit, das Pferd aus dem Halten zunächst nur einen Schritt angehen zu lassen, dann wieder zu halten und diese Anforderung mehrfach zu wiederholen. Auf diese Weise wird das Pferd daran gehindert, zuviel Schwung zu entwickeln und ihn gegen den Ausbilder zu richten.

Erst wenn das Pferd nach einem Schritt mit einer feinen Parade zum Halten durchpariert werden kann, sollte man zwei langsame Schritte und anschließend das Halten verlangen, erst später eine längere Schrittfolge.

Schulterherein nach barocker Manier auf vier Hufspuren

Werden die Paraden bei einem nicht ausgebundenen Pferd am Trensen- und/oder Kandarenzügel ausgeführt, besteht die Gefahr, daß es mit der Nasenlinie hinter die Senkrechte gerät und im Hals zu eng wird. Dem kann man vorbeugen, indem man die Parade nicht als rückwärts wirkenden Zügelanzug gestaltet, sondern als energisches Zudrücken der vorher entspannten Hand. Sollte sich das Pferd selbst dann noch im Hals verengen, kann man im nächsten Takt bei weich nachgebender äußerer Hand mit der inneren Hand den Kopf und damit die Stirnlinie des Pferdes deutlich nach vorn ziehen. Das Pferd wird danach für seine Nachgiebigkeit durch entspannte, weiche Hände belohnt und lernt dadurch, wie es den Kopf tragen soll.

Diese Positionierung des Pferdekopfes gelingt

jedoch nur, wenn sich das Pferd im Tempo, gemeint ist die Schritt- oder Trittfrequenz, genau bestimmen läßt. Es genügt dabei nicht, das nervöse Pferd anfangs vier oder mehr Tritte übereilt trippeln und dann aus einer gereizten Grundstimmung heraus anhalten zu lassen: Eine solche Maßnahme bringt gar nichts.

Vielmehr muß der Ausbilder darauf bestehen, das Tempo des ersten Schrittes zu bestimmen und die Bewegung danach stoppen zu können. Nur wenn man den ersten Schritt genau gestalten kann, wird in gleicher Form auch der vierzehnte gelingen.

Zu erinnern ist in diesem Zusammenhang an den Ausspruch des großen portugiesischen Reitmeisters Nuno Oliveira: „Si vous perdez la cadence, le cheval commence à commander." „Wenn Sie die Kadenz verlieren, beginnt das Pferd zu kommandieren." (Die französische Fassung läßt mehrere Übersetzungsmöglichkeiten mit unterschiedlicher Akzentuierung zu.)

„Wenn Sie die Kadenz verlieren, beginnt das Pferd zu kommandieren."

Nuno Oliveira

Wird das Pferd in seinen Aktionen bereits im Antritt bestimmbar, wird bei ihm eine revoltierende Grundhaltung vermieden, die entstehen würde, wenn der Ausbilder mit Gewalt den aus seiner Sicht nicht gewünschten Schwung des Pferdes abstoppen wollte.

Vielmehr sollte das Pferd in seinen Bewegungen so bestimmt werden, daß der Ausbilder nicht in die Versuchung gerät, Gewalt anzuwenden. Gewalt erzeugt Widerstand, und der Widerstand des Pferdes sollte nicht provoziert werden, weil sonst die weitere vertrauensvolle Zusammenarbeit von Mensch und

Wichtige Aspekte beim Schulterherein

- Schulterherein durch Blickwendung und Körperdrehung nach innen einleiten.
- Den Führarm ausstrecken und Kopf-Hals-Partie des Pferdes mit im Blick haben. Die Position des Ausbilders befindet sich ungefähr auf Schulterhöhe des Pferdes und keinesfalls vor dem Pferdeauge, da dies bremsend wirkt.
- Abstellungswinkel genau bestimmen: zuviel Abstellung macht das Vorwärtsgehen schwierig, und/oder das Pferd läuft in die Bahn.
- Bei Führung an beiden Zügeln mit dem äußeren Zügel die äußere Schulter einrahmen. Innenstellung nicht übertreiben.

Pferd ernsthaft gefährdet wird. Und ohne diese vertrauensvolle Zusammenarbeit gibt es keine Höchstleistungen.

Das Lösen im Zeitlupentempo, wie es hier beschrieben ist, darf aber nicht übertrieben werden, damit das Pferd sich nicht langweilt. Variationen im Schritt-Tempo und Übergänge Schritt-Trab-Schritt steigern die Aufmerksamkeit und fördern die Elastizität.

Bei diesen Übergängen muß der Ausbilder besonders auf seine Körpersprache achten: Das Zeitlupentempo sollte er selbst mit langen, ruhigen Schritten vorgeben, lebhaftere Bewegung mit schnelleren. Er sollte darauf einwirken, daß ihn das Pferd als ranghöheres Wesen respektiert und sich ihm in seinen Bewegungen anpaßt.

Wenn der Ausbilder selbstbewußt die ranghöhere Position so ausstrahlt, daß sie vom Pferd als angenehm empfunden wird, kann das dazu beitragen, daß er mit geringeren Einwirkungen auskommt als jemand, der ständig an sich selbst und seinen Fähigkeiten zweifelt.

Der Ungeübte sollte das Schulterherein stets beenden, indem er das Pferd wieder geradeaus auf dem Hufschlag anhalten läßt. So wird vermieden, daß das Pferd sich nach einem gelungenem Seitengang ungewollt um den Menschen dreht und korrigiert werden muß.

Der Ausbilder muß den Aufbau der Ausbildung so gestalten, daß eine positive Arbeitsatmosphäre hergestellt und erhalten wird. Am Abschluß einer gelungenen Übung müssen deshalb sofort Lob und Belohnung in einer Ruhephase stehen, nicht aber die Korrektur eines unbedeutenden, gefahrlosen Fehlverhaltens nach einer gelungenen Übung.

Nur wer diesen scheinbar einfachen Zusammenhang regelmäßig berücksichtigt, gegen den in der Praxis häufig verstoßen wird, wird sein Pferd für eine freiwillige Mitarbeit motivieren können.

▸ Traversübungen

Die Durchlässigkeit kann durch abwechselnde Schulterherein- und Travers- oder Renversübungen an der Hand verbessert werden. Man kann mit einem Positionswechsel am Pferd nach außen zunächst mit Travers in Form der Lektion Kruppeherein beginnen. Bewährt hat es sich aber auch, statt dessen gleich Renvers aus dem Schulterherein zu entwickeln.

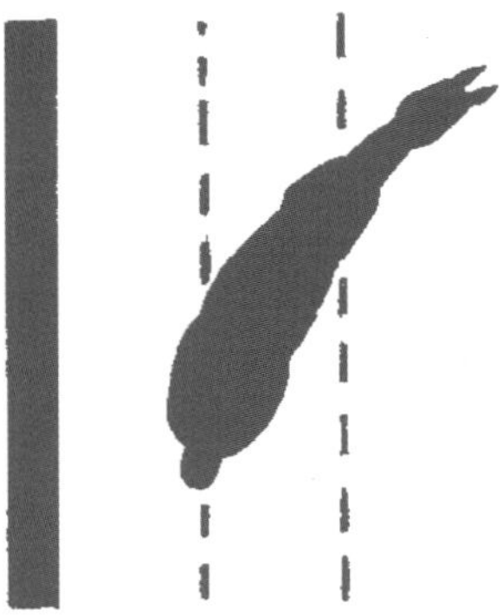

Schulterherein

Travers

Renvers

SCHULTERHEREIN – TRAVERS – RENVERS

Zur Verdeutlichung: Geht das Pferd auf der rechten Hand im Schulterherein, so kreuzt es zumindest die Vorderbeine von rechts nach links und zwar in Rechtsstellung und -biegung. Es ist nach rechts und damit gegen die Gangrichtung gestellt und gebogen.

In den Travers-/Renversübungen ist dagegen das Pferd in Gangrichtung gestellt und gebogen: Im Travers auf der rechten Hand bleibt das Pferd mit der Vorhand auf dem Hufschlag, die Hinterhand geht innen auf dem zweiten Hufschlag. Die Hinterbeine kreuzen von links nach rechts. Das Pferd ist nach rechts gestellt und gebogen, also in die Gangrichtung.

Das Renvers ist ebenfalls eine Variante des Travers. Beim Renvers bleibt die Hinterhand auf dem Hufschlag und die Vorhand bewegt sich innen auf dem zweiten Hufschlag. Auf der rechten Hand kreuzen dabei die Vorderbeine von rechts nach links, das Pferd ist in Gangrichtung nach links gestellt und gebogen.

Renvers auf der rechten Hand entspricht also dem Travers auf der linken Hand, nur daß das Pferd im Renvers die Begrenzung des Hufschlages nicht an der Kopfseite hat, sondern an der Hinterhand.

▶ Entwicklung des Renvers

Zunächst wird das Pferd in Schulterhereinabstellung angehalten (also die Hinterhand auf dem Hufschlag, die Vorhand innen auf dem zweiten Hufschlag, das Pferd bleibt gegen die Gangrichtung nach innen gestellt und gebogen). Im Halten wird es behutsam in die Gangrichtung umgestellt und damit das Renvers vorbereitet.

Nach dem Umstellen von der Schulterhereinstellung in die Gangrichtung läßt man es im Renvers angehen. Während des Umstellens darf man sich dem Pferd nicht nähern. Andernfalls drückt man es durch seine Körperhaltung an den Hufschlag und gibt die seitliche Abstellung auf, die sich dann regelmäßig nicht ohne Harmoniestörung wiederherstellen läßt.

Mit allen traversartigen Übungen, zu denen auch das Renvers gehört, sollte man an der Hand erst beginnen, wenn die beschriebenen Vorübungen (seitliches Übertreten, Schulterherein) ohne Schwierigkeiten von Mensch und Pferd locker ausgeführt werden können und keine erhöhte Aufmerksamkeit von beiden Seiten mehr erfordern. Erst wenn diese Voraussetzung erfüllt ist, kann man sich auf das wesentliche Kriterium der Tra-

Renvers an der Hand: Christine Mehl mit dem Lusitanohengst Girassol

verslektionen konzentrieren: die ausgeprägte Kopfstellung und Biegung des Pferdes in Gangrichtung.

Wohl jeder Ungeübte wird damit zunächst Schwierigkeiten haben. Man sollte sich dadurch jedoch nicht entmutigen lassen, sondern zunächst immer dann, wenn die Stellung verlorengeht, das Pferd anhalten. Im Halten in seitlicher Abstellung sollte dann die Kopfstellung wiederhergestellt werden. Für das Renvers auf der rechten Hand ist dazu der linke Zügel anzuziehen. Gleichzeitig sollte der Ausbilder am rechten Zügel – direkt am Pferdemaul angefaßt – den Kopf leicht in Gangrichtung vorziehen und dadurch die Linksstellung unterstützen.

Dieses Vorziehen des Kopfes am rechten Zügel kann später auch in der Bewegung hilfreich sein, wenn es darum geht, die Stellung zu erhalten. Sollte das Pferd daraufhin in der Bewegung zu schnell werden, kann man überraschend nach Art des Ausdrückens eines Schwammes die Hände kurz und fest schließen und wieder entspannen und diesen Vorgang zügig mehrfach wiederholen, bis die gewünschte Bewegungsfrequenz und der gewünschte Raumgriff vom Pferd eingehalten werden.

Beides muß auch durch entsprechend ruhig-souveräne Bewegungen des ranghöheren Ausbilders vorgegeben werden:

Wichtige Aspekte beim Travers

- Die Zügelführung erfolgt mit beiden Zügeln. Die nötige Innenstellung wird durch Annehmen des inneren Zügels erreicht.
- Der Ausbilder bleibt zwischen Pferd und Bande (z. B. nach einer Kehrtvolte).
- Die Einleitung des Travers erfolgt ähnlich dem Schenkelweichen: Die Hinterhand des Pferdes wird mit Gertenhilfe in die Bahn gestellt – das Pferd geht auf zwei Hufschlägen.
- Häufiger Fehler: zuviel Abstellung des Pferdes. Abhilfe: gleichmäßig zügig vorwärtsgehen, nicht zu stark treiben, mit dem Blick den Weg vorgeben.

Wichtige Aspekte beim Renvers

- Einleitung des Renvers erfolgt wie beim Schulterherein, anschließend wird das Pferd deutlich nach außen umgestellt.
- Die Abstellung der Vorhand wird durch Paraden bestimmt.
- Die Vorwärtsbewegung wird durch souverän-zügiges Gehen erhalten. Gegebenenfalls mit Stimme und/oder Gerte treiben.
- Häufiger Fehler: Verlust der Abstellung. Abhilfe: der Ausbilder bleibt weit genug im Inneren der Bahn.

Trippelt er in kleinen Schritten, wird auch das Pferd keine ruhigen, raumgreifenden Schritte machen. Geht er dagegen mit unangemessenen raumgreifenden Schritten vorwärts, wird das Pferd Paraden nicht durch ein Verkürzen des Raumgewinns beantworten.

Ob auf der linken oder auf der rechten Hand mit den Renversübungen begonnen werden sollte, ist davon abhängig, auf welcher eine angenehmere Arbeitsatmosphäre hergestellt werden kann. Viele Menschen bewegen sich auf der linken Hand geschickter, weil dann die rechts geführte Gerte geringere Schwierigkeiten macht. Insofern kann es sich anbieten, mit den

Seitengängen auf der linken Hand zu beginnen. Da vielen Pferden Linksstellung und -biegung leichter fallen als Rechtsstellung und -biegung, kann es für das Pferd angenehmer sein, wenn mit dem Renvers auf der rechten Hand begonnen wird. Gerade auf der rechten Hand gilt dann für den Ausbilder: In die Bewegungsrichtung schauen! Nur immer wieder kurz die Mimik des Pferdes beobachten und auf keinen Fall den Blick an den Beinen des Pferdes haften lassen!

Mit dem Renvers sollte am Anfang der langen Seite begonnen werden und an deren Ende in das Schulterherein umgestellt oder geradeaus weitergegangen werden.

Renvers durch die Ecken ist für das Pferd anstrengend und erfordert vom Ausbilder besondere Geschicklichkeit, damit das Pferd nicht revoltiert: Er muß sich dabei bewußt sein, daß die Vorhand gebremst und die Hinterhand des in Konterstellung gehenden Pferdes besonders behutsam um die Vorhand gedreht werden muß, damit es sich dabei nicht wie „im Schraubstock" fühlt.

Häufiges Umstellen vom Schulterherein ins Renvers macht das Pferd geschmeidig und läßt es auch die Hilfen des aufgesessenen Reiters in den Seitengängen leichter akzeptieren als wenn diese gewichtslosen Übungen nicht vorgeschaltet werden.

Renvers an der Hand. Die Bewegungen des Pferdes lassen sich mit feinen Hilfen genau bestimmen.

Entwicklung der Traversale

Traversalen können auf unterschiedliche Weise eingeleitet werden: Der Ausbilder kann zur Vorbereitung an der kurzen Seite außen am Pferd auf dem Hufschlag gehen, während sich das Pferd auf dem zweiten Hufschlag bewegt.

In der Ecke muß der Ausbilder besonders zügig vorwärtsgehen, weil er den längeren Weg hat als das Pferd. Wer das nicht beachtet, riskiert Harmoniestörungen.

Nach Passieren der ersten Ecke der langen Seite wird das Pferd seitwärts in Gangrichtung gestellt und gebogen auf die Diagonale gewiesen. Getrieben wird mit waagerecht auf Kniegelenkhöhe des Pferdes gehaltener Gerte.

Wichtige Aspekte bei der Traversale

- Die Traversale ist eine Vorwärts-seitwärts-Bewegung mit Kreuzen der Beine. Das Pferd ist in Gangrichtung gestellt und gebogen
- Der Ausbilder geht außen wie zum Travers.
- Die Vorhand geht etwas voraus, die Hinterhand wird mit der waagerecht gehaltenen Gerte nachgetrieben.
- Die Innenstellung wird durch das Maß des Zügelanzugs bestimmt.
- Die gertenführende Hand darf keinesfalls an den Pferdekörper gedrückt werden.
- Wenig Zügelhilfe ist mehr: Impuls und Nachgeben wechseln sich ab.
- Häufiger Fehler: zu steile Traversalen. Abhilfe: Ziel ansehen und vermehrt vorwärts gehen.
- Häufiger Fehler: Verwerfen des Pferdes im Genick. Abhilfe: tiefergestelltes Ohr durch senkrechte Zügeleinwirkung nach oben auf Höhe des anderen bringen – loslassen.

Die Übung gelingt nur dann, wenn der Ausbilder das Ziel ansieht – an der kurzen Seite zunächst die Ecke, von dort wenige Schritte lang das Ende der langen Seite, dann das Ende der Diagonalen.

Durch verstärktes Anziehen des inneren Zügels – ohne Treiben mit der Gerte – kann verhindert werden, daß das Pferd sich mit der Hinterhand mehr als gewünscht vom Ausbilder entfernt und damit zuviel seitwärts und zuwenig vorwärts geht. Wenn dieser Fehler bereits aufgetreten ist, kann man das Pferd am äußeren Zügel vorziehen und ihn so beseitigen.

Beginn der Traversale aus einer halben Volte.

Andalusierhengst Ureo in der Rechtstraversale im Schritt an der Hand.

Trabtraversale nach links: Lusitanohengst Girassol unter Ruth Giffels

Stürmt dagegen das Pferd zu sehr vorwärts, so kann es durch – falls nötig mehrfaches – deutliches, kurzes und festes Schließen der davor und danach entspannten Hände auf den gewünschten Raumgriff und die gewünschte Schrittfrequenz (Schnelligkeit der Schrittfolge) abgebremst werden. Dabei muß der Ausbilder unbedingt locker bleiben, wenn auch das Pferd entspannt bleiben oder werden soll.

Ein wesentlicher Grund dafür, daß sich ein Pferd verspannt, kann sein, daß es die Verfassung des Ausbilders spiegelt. Man sollte sich deshalb bemühen, im Umgang mit dem Pferd möglichst ausgeglichen zu wirken. Wenn man für Momente mit körperlicher Kraft einwirken muß, sollte man sich diese Tatsache bewußt machen und sich danach bewußt wieder entspannen, um die Arbeitsatmosphäre weiterhin positiv zu gestalten.

Wer Schwierigkeiten hat, Traversalen so wie hier beschrieben einzuleiten, kann damit auch anders beginnen:

Aus der zweiten Ecke einer langen Seite heraus – z. B. von der linken Hand kommend – kann man das Pferd nach einer halben Volte parallel zur langen Seite anhalten. Wenn zu erwarten ist, daß das Pferd nicht geregelt stehenbleibt, kann man sich im Halten vor das Pferd stellen. Dann wird der Kopf nach rechts gestellt und der Rest der Diagonalen als Traversale ausgeführt. Diese Einleitung bietet den Vorteil, daß ihr nicht ein Positionswechsel des Ausbilders am Pferd vorausgehen muß.

Während die ersten Übungen im ganz langsamen Tempo ausgeführt werden sollten, damit Verspannungen des Pferdes ohne großen Einsatz von Körperkraft seitens des Ausbilders behoben werden können, ist es zweckmäßig, mit zunehmender Routine auch Tempoänderungen während der Traversale zu bewirken, damit das Pferd aufmerksam bleibt und sich nicht langweilt. Auch Übergänge Schritt-Trab-Schritt können einen positiven Dressureffekt haben.

Ein wesentlicher Grund dafür, daß ein Pferd sich verspannt, kann sein, daß es die Verfassung des Ausbilders spiegelt. Man sollte sich deshalb bemühen, im Umgang mt dem Pferd möglichst ausgeglichen zu wirken.

TRAVERSALEN UNTER DEM REITER

Die gewichtslose Vorarbeit zahlt sich auch für die Traversalen unter dem Reiter aus. Er braucht dann regelmäßig im Sattel weniger Kraft als wenn er auf die gewichtslose Vorarbeit verzichtet, weil das Pferd so leichter versteht, was von ihm verlangt wird, und bereits elastisch genug ist, um die Anforderung flüssig umzusetzen.

Der persönliche Charme des Pferdes in der gerittenen Traversale kommt besonders zum Ausdruck, wenn im Training im Trab das erste Drittel mit hohem Versammlungsgrad in der ausgeprägten Seitwärtsverschiebung geübt wird. Zum Ende der Diagonalen wird der Vorwärtsschwung verstärkt und das seitliche Übertreten leicht minimiert, damit zum sauberen Abschluß der Traversale genügend Raum zur Verfügung steht. Werden Traversalen unmerklich so konzipiert, wird jeder in Gedanken mitreitende Zuschauer unbewußt befreit aufatmen, der weiß, daß es schwierig sein kann, den Schwung des Pferdes im Seitengang zu erhalten.

Ist das Pferd bereits an der Hand daran gewöhnt worden, sich ohne große Krafteinwirkung umstellen zu lassen, insbesondere durch flüssige Übergänge vor einem Seitengang in einen anderen, läßt sich die so erlangte Elastizität auch für Zickzacktraversalen unter dem Reiter nutzen. Dabei wird von der Längsmittellinie abwechselnd mehrfach nach links und rechts traversiert und die Übung wieder auf der Längsmittellinie beendet. Durch das häufige Wechseln von Stellung und Biegung in kurzer Abfolge hat diese Übung sowohl lösende als auch versammelnde Wirkung!

Entwicklung der Pirouette

Auch Pirouetten können im Schritt gewichtslos an der Hand vorbereitet werden. Am leichtesten beginnt man mit einer Traversale, entwickelt daraus im Mittelpunkt der Bahn eine Pirouette und setzt danach die Traversale fort.

Zur Pirouette wird dazu der innere Hinterfuß des Pferdes durch einen stärkeren Anzug des inneren Zügels fixiert. Er wird wieder gelockert, wenn nicht zu erwarten ist, daß sich das Pferd wieder in die Traversale entzieht. Der deutliche Anzug am inneren Zügel ist beim Pferd, das die Übung nicht kennt, falls nötig während der Pirouette mehrfach zu wiederholen. Wenn das Pferd weiß, was von ihm verlangt wird, mäßigt man die Zügelanzüge nach und nach.

Ungewollter Vorwärtsschwung des Pferdes ist

Zwei Momente aus einer Schrittpirouette nach rechts an der Hand

Maestoso Gratia in der Galopp-Pirouette

durch die Position des Ausbilders weit vorn am Pferdekopf zu begrenzen. Der Ausbilder sollte berücksichtigen, daß er im Verhältnis zum Pferd in der Pirouette den größeren Weg zurücklegen muß und entsprechend zügig vorwärts gehen muß, auch wenn die Drehung ruhig ausgeführt werden soll.

Der anfängliche deutliche Anzug am inneren Zügel kann dazu führen, daß der innere Hinterfuß des Pferdes so blockiert wird, daß er nicht mehr vom Boden abgehoben wird. Wenn das der Fall ist, sollte der innere Zügel gelockert und die Wendung traversartig etwas vergrößert werden.

Hilfreich kann dabei der entsprechende Hinweis eines unbefangenen Beobachters sein. Der Ausbilder darf nämlich nur ausnahmsweise ganz kurz die Hinterfüße des Pferdes ansehen und muß sonst durch seine Blickrichtung das Ziel der Bewegung vorgeben, wenn die Übung gelingen soll.

Wichtige Aspekte bei der Pirouette

- Der Ausbilder geht außen am Pferd, hat den größeren Weg und muß zügig mitgehen.
- Das innere Hinterbein des Pferdes muß fixiert werden, ein Wegtreten kann durch Anzug am inneren Zügel verhindert werden.
- Das Abfußen der Hinterbeine, auch des inneren, ist durch den Einsatz einer genügend langen Gerte sicherzustellen.
- Häufiger Fehler: zuviel Vorwärts. Abhilfe: optische „Bremse“ einbauen durch das Vortreten vor das Pferd und/oder das Wenden zur Bande hin.
- Häufiger Fehler: Rückwärtstendenz. Abhilfe: zwischendurch das Pferd einen Schritt vorgehen lassen (= „Übungspirouette“).

Maestoso Gratia in der Piaffe an der Hand

Wird die Pirouette in vielen kleinen Schritten ausgeführt und das Tempo gesteigert, entwickeln talentierte Pferde daraus nicht selten die ersten Piaffetritte. Dann sofort anhalten und loben! Aber selbst wenn sich dieses Resultat nicht ergibt, machen Pirouetten an der Hand das Pferd für die Anforderung unter dem Reiter geschickt und erleichtern später auch die Ausführung im Galopp.

▸ Entwicklung der Piaffe

In der Natur ist die Piaffe – eine Bewegung in diagonaler Fußfolge fast oder ganz auf der Stelle – gelegentlich bei Pferden zu beobachten, die sich im Erregungszustand befinden. Bei dieser Lektion tritt das Pferd mit den Hinterfüßen verstärkt in Richtung unter den Schwerpunkt und nimmt mit ihnen mehr Gewicht auf. Dadurch wird die Vorhand entlastet und eine höhere Aktion der Vorderbeine begünstigt.

In der dressurmäßigen Arbeit mit dem Pferd ist die Piaffe nicht nur ein Ziel der Ausbildung, sondern, auch wenn man von der Perfektion noch weit entfernt ist, ein hervorragendes Mittel, um das Pferd zu gymnastizieren. Die Wirkung ist etwa mit der Kniebeuge beim Menschen vergleichbar.

Aufgabe des Ausbilders ist es, diese Bewegung allmählich auch ohne die damit in der Natur verbundene Erregung zu entwickeln.

ABHEBEN DER HINTERBEINE

Wenn das Pferd durch die bereits beschriebenen Übungen mit der Arbeit an der Hand vertraut ist, kann man es am Hufschlag – zunächst auf der linken Hand, wenn man auf dieser geschickter ist – anhalten. Durch leichtes Berühren mit der Gertenspitze, etwa auf Höhe des Sprunggelenks oder tiefer, wird es dazu veranlaßt, das innere Hinterbein anzuheben.

Sobald das Pferd reagiert, wird gelobt. Auch ein Ausschlagen sollte nicht bestraft werden. Es kann allmählich verhindert werden, wenn man das Pferd daran gewöhnt, schon auf eine Stimmhilfe (z. B. „links") den Hinterfuß vom Boden abzuheben und erst bei Nichtbefolgen dieser Aufforderung die Berührung mit der Gertenspitze nachzusetzen. Also stets mit der feinsten Hilfe – hier der Stimme – beginnen und nur wenn nötig die Aufforderung mit einer schärferen Einwirkung verstärken. Sensible Pferde, denen das Kitzeln mit der Gertenspitze unangenehm ist, werden ihm von selbst innerhalb kürzester Zeit zuvorkommen.

Bei weniger sensiblen kann der Aufforderung mit der Stimme ein kurzer Klaps folgen, damit dem Pferd deutlich wird, daß Freundlichkeit des Ausbilders nicht gleichbedeutend ist mit Schwäche.

Abheben eines Hinterbeines

Wenn der Ausbilder stets noch Steigerungsmöglichkeiten in der Intensität der Einwirkung hat und dieses Bewußtsein ausstrahlt, erhöht das seine Autorität.

Wenn der Ausbilder stets noch Steigerungsmöglichkeiten in der Intensität der Einwirkung hat und dieses Bewußtsein ausstrahlt, erhöht das seine Autorität. Das gilt nicht nur im Umgang mit dem Pferd. (Nicht ohne Grund lautete ein Motto vergangener Zeiten: „Höflich bis zur letzten Galgensprosse, aber gehängt wird doch!") Zeigt das Pferd die gewünschte Reaktion, ist die Einwirkung sofort wieder zu minimieren.

Danach kann man es nach demselben Prinzip auffordern, das äußere (hier: rechte) Hinterbein zu heben, und auch bei der Stimmhilfe differenzieren (z. B.: „rechts").

Ein normal veranlagtes Pferd wird man nun im Schritt angehen und es einige Tritte im verkürzten Trab ausführen lassen, um es auf die Piaffe einzustimmen.

Nach wenigen Wiederholungen kann man aus dem Halten fast direkt in den verkürzten Trab übergehen. So wird die Aufmerksamkeit des Pferdes gefördert. Bei einer zu langen Vorbereitung im Schritt wird routinemäßig zuviel Schubkraft und zuwenig Tragkraft im Trab entwickelt. Das Pferd wird damit für den Ausbilder unhandlich.

Geht man dagegen sofort in den verkürzten Trab über, kann man die volle Aufmerksamkeit des Pferdes nutzen, um es auf Kommando („links-rechts") hinten ausgeprägt abfußen zu lassen.

Viele richtig vorbereitete Pferde entspannen sich bei den bekannten Kommandos. Bei den ersten Ansätzen kann man vielfach beobachten, daß die Pferde bemüht sind, zum deutlichen Anheben der Hinterbeine vorn stehenzubleiben und damit von selbst den Raumgewinn zu verkürzen. Diese Tendenz sollte zunächst durch Lob verstärkt werden, auch wenn damit noch ein zu hohes Abheben der Hinterfüße und ein zu geringes der Vorderfüße verbunden ist und so die diagonale Fußfolge nicht immer herzustellen ist.

Dieser Ansatz eignet sich jedoch besonders für Menschen, die in der Ausbildung der Piaffe noch keine Routine haben. Sie verlieren damit die Angst, daß ihnen das Pferd bei ihren Piaffeversuchen weglaufen könnte, und entwickeln damit das nötige Selbstbewußtsein. Wenn das erreicht ist, können sie durch Vorlassen des Pferdes in den verkürzten Trab und anschließendes Halten die diagonale Fußfolge wiederherstellen: Ein Pferd, das in den verkürzten Tritten bereits an Trab denkt, ist motivierter als eines, das durch ständig bremsende Hilfen zur Arbeit auf der Stelle gezwungen wird.

Ein Pferd mit schwacher Hinterhand kann schonend durch das isolierte Abheben der Hinterfüße gekräftigt werden. Dazu wird es mit der Stimme und wiederholtem Antippen am Hinterbein ermuntert, es möglichst lange in der Luft zu halten.

Nach Erkenntnissen aus der Krankengymnastik tritt die kräftigende Wirkung besonders dann ein, wenn Muskulatur länger als neun Sekunden angespannt wird.

Wenn es also gelingt, das Pferd zu veranlassen, einen Hinterfuß länger als neun Sekunden deutlich anzuheben, wird dadurch die Hinterhandmuskulatur gestärkt, ohne daß das Pferd im übrigen organisch belastet wird. Losgelöst von der Piaffe kann man durch das Anheben der Hinterbeine in der beschriebenen Form das Pferd kräftigen und es damit auf diese Lektion vorbereiten, wenn man die Übung häufig genug wiederholt.

Andalusierhengst Ureo bei der Vorbereitung der Piaffe an der Hand aus dem verkürzten Trab

Man muß sich aber darüber im klaren sein, daß sich auf diese Weise das Pferd angewöhnt, die Hinterfüße höher anzuheben als es für die Piaffe zweckmäßig ist. Bei einer gut gesetzten Piaffe fußt das Pferd hinten mit der Fußspitze nur bis maximal auf Höhe zwischen Kronenrand und Fesselkopf des Standbeins ab. Ein höheres Abfußen ist immer ein Indiz dafür, daß das Pferd auf der Hinterhand noch nicht viel Gewicht aufgenommen hat.

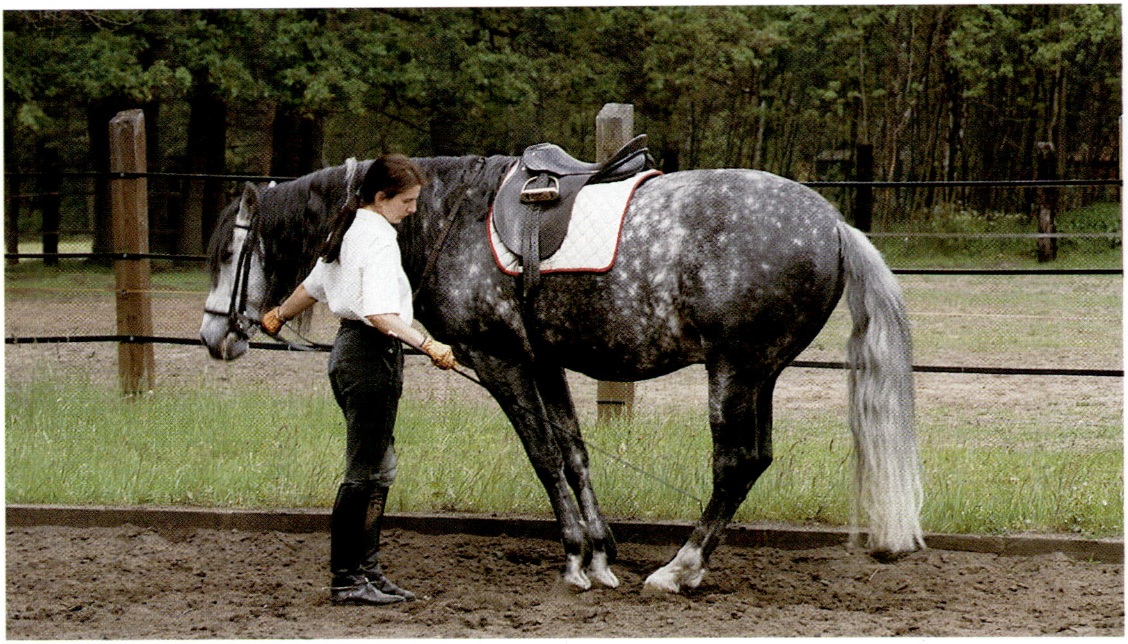

Annähern der Hinterbeine des Pferdes an die Vorderbeine an der Hand ...

ANNÄHERN DER HINTERBEINE AN DIE VORDERBEINE

Hat das Pferd gelernt, auf feine Hilfen wechselseitig die Hinterfüße anzuheben, können sie als weitere Vorübung zur Piaffe auf Kommando in Verbindung mit leichtem Touchieren den Vorderfüßen angenähert werden. Das Pferd wird animiert, den Kopf vorwärts-abwärts zu strecken und den Rücken aufzuwölben.

Es nimmt nicht vermehrt Gewicht mit der Hinterhand auf, sondern schiebt es der Vorhand zu. Die Rücken-Hinterhand-Muskulatur wird aber gedehnt und gekräftigt. Die Übung eignet sich insbesondere für Pferde mit schwachem Rücken oder schwacher Hinterhand, die ohne hinreichende Vorbereitung Angst vor der Versammlung entwickeln.

Das Annähern der Hinterbeine an die Vorderbeine kann bis auf einen Abstand von ca. 20 cm erfolgen. Dabei muß man mit ganz kleinen Fortschritten zufrieden sein. Gut umgesetzt wird erfahrungsgemäß ein leichtes Touchieren von oben nach unten auf die Sprunggelenke. Jedes noch so kleine Vorrücken des Hinterfußes ist sofort zu loben.

Dem Pferd sollte dabei nicht gestattet werden, ohne Aufforderung nach vorne wegzulaufen. Will man das Pferd mit Futter belohnen, so hat das immer in der tiefen Dehnungshaltung zu geschehen. Wenn man diese Grundsätze beachtet, kann bei wenigen Pferden nach einigen Tagen, bei der Mehrzahl nach einigen

... und unter dem Reiter

Wochen oder Monaten die beschriebene Körperhaltung erreicht werden, die sich physisch und psychisch günstig auf das Anpiaffieren auswirken kann, weil das Pferd auf die neue Anforderung hinreichend vorbereitet ist und keine Angst vor der Überforderung bekommt. Zum Anpiaffieren ist das Pferd dann höher aufzurichten, so daß die Vorhand entlastet wird und das Pferd mehr Gewicht mit der Hinterhand aufnimmt.

Die Übung empfiehlt sich nicht bei Pferden, die von Natur aus mit den Vorderbeinen nicht senkrecht, sondern leicht überhängig stehen. Bei ihnen würde das Zusammenstellen der Beine die Aktion der Vorhand bei der Piaffe sogar blockieren. Hat ein solches Pferd gelernt, auf leichtes Touchieren die Hinterbeine anzuheben, sollte in die lebhafte Vorwärtsbewegung übergegangen werden. Ist der Vorwärtsschwung hinreichend gefestigt, können einige verkürzte Tritte verlangt werden.

Die Vorderbeine dieses Hengstes stehen in der Ruhe nicht ganz senkrecht. Die Vorderfüße befinden sich etwas mehr unter dem Rumpf des Pferdes, als es normalerweise zu erwarten ist. Man spricht in diesem Fall davon, daß das Pferd leicht überhängig steht. Hier wäre es verfehlt, im Stand die Hinterfüße des Pferdes den Vorderfüßen stärker anzunähern.

Abhängig vom Verhalten des Pferdes gibt es unterschiedliche Stellen, an denen das Pferd touchiert werden kann. Geht es in erster Linie darum, es vorwärts zu treiben, wird es bedarfsweise an der Kruppe touchiert.

Stürmt es dagegen nach vorn davon, streicht man nach dem Angehen im Schritt kurz und rasant von der Kruppe bis zu den Fesselköpfen abwärts und berührt dabei insbesondere die Sprunggelenke von oben. Wenn das Pferd daraufhin mit den Hinterfüßen unter den Schwerpunkt springt, sich dadurch setzt und damit den Raumgewinn vermindert, sollte die Reprise sofort abgebrochen und das Pferd gelobt werden. Dieser Effekt des Verkürzens des Raumgewinns durch Treiben mit der Gerte läßt sich in einer Arbeitssequenz nur einmal herstellen. Über das Lob lernt das Pferd, daß das vermehrte Setzen die gewünschte Reaktion ist.

Nur wenn das Pferd bereits mit geringem Raumgewinn und gut gesenkter Kruppe tritt, kann man es tief unten am Hinterbein touchieren, ohne daß es die Hinterfüße zu hochzieht und damit die diagonale Fußfolge gestört wird. Ein fortgeschrittenes Pferd kann nach diesem System bereits an der Höhe der Gerte erkennen, was von ihm verlangt wird:

Je höher es getrieben wird, desto mehr soll es vorwärts gehen, je tiefer es getrieben wird, desto mehr soll es am Platz bleiben.

Unterstützung der Reiterin in der Piaffe durch den zu Fuß nachtreibenden Ausbilder

Piaffe des jungen Lusitanohengstes Imalaia unter dem Reiter und befreiendes Vorwärts im Trab

PIAFFEENTWICKLUNG UNTER DEM REITER

Bei manchen Pferden ist der Vorwärtsschwung der Bewegung mit aufgesessenem Reiter leichter zu erhalten. Sie werden in Erwartung des Trabes als „befreiendes Vorwärts" bereits in den piaffeartigen Tritten flüssiger. Dies darf jedoch nicht über einen zu langen Zeitraum geübt werden, weil das Pferd sonst nur piaffiert, wenn der Ausbilder zu Fuß nachtreibt. Deshalb sollten Übergänge Piaffe – Trab unter dem Reiter schon bald ohne Hilfe von unten geübt werden, auch wenn sie noch nicht perfekt gelingen.

ÜBERGÄNGE TRAB – RÜCKWÄRTSRICHTEN – TRAB

Zurück zu den Anfängen der Piaffe: Hat das Pferd gelernt, die Hinterbeine auf leichtes Touchieren einzeln anzuheben, können zur Festigung der diagonalen Fußfolge und der Durchlässigkeit Übergänge Trab – Rückwärtsrichten – Trab an der Hand beitragen. Durch klare Kommandos und körpersprachliche Einwirkungen ist dem Pferd zu verdeutlichen, was von ihm verlangt wird.

Manche Pferde geraten bei dem Übergang Rückwärtsrichten – Trab zu sehr unter Spannung, so daß die Harmonie im Zusammenwirken von Mensch und Pferd gestört wird. Dann kann es hilfreich sein, aus dem Rückwärtsrichten zunächst in den Schritt und erst daraus in den Trab überzugehen.

Wenn das Pferd schon in der Vorwärtsbewegung an das Rückwärtsrichten und im Rückwärtsrichten an Trab denkt, ist es bis zur Piaffe nicht mehr weit.

Auf dem Weg zur Piaffe. Christiane Horstmann mit ihrem Camarguehengst Guapo: Das Geraderichten des Pferdes wird erleichtert, wenn die Handarbeit zu zweit ausgeführt wird.

Anzustreben ist, daß das Pferd sich nach einer ganz kurzen Phase des Angehens in verkürzten diagonalen Tritten aufnimmt. Wichtig ist, daß dazu auch der Ausbilder die Trittlänge verkürzt. Das Pferd paßt sich ihm an.

Das Anpiaffieren kann man sich erleichtern, indem ein Helfer das Pferd führt. Der Ausbilder kann sich auf das Nachtreiben konzentrieren und aus größerer Entfernung die Situation besser analysieren. Dabei kommt es darauf an, daß der nachtreibende Ausbilder vor Beginn jeder Reprise dem Gehilfen am Pferdekopf deutlich macht, wie die nächste Arbeitsphase aussehen soll. Er muß auch deutlich das Zeichen für den Anfang und das Ende der Reprise geben. Stimmhilfen sollten nur von ihm kommen, weil er sie, falls nötig, mit der Gerte verstärken kann.

Ist der Helfer, der das Pferd am Kopf führt, nicht hinreichend geschickt, um es gerade zu halten, kann der Ausbilder zusätzlich eine Longe in den äußeren Kappzaum- oder Trensenring einhängen und sie über den Widerrist nach innen in seine innere Hand laufen lassen. Er hat so die Möglichkeit, zusätzlich aktiv verhaltend auf das Pferd einzuwirken und dabei den Gesamteindruck besser zu beeinflussen, als es aus der Position an der Schulter des Pferdes möglich ist.

Friesenhengst Fumagalli in der Piaffe unter Andrea Schmitz

ÜBERGÄNGE SCHULTERHEREIN – PIAFFE

Eine weitere Möglichkeit ist die Entwicklung der Piaffe aus dem Schulterherein. Das Schulterherein ist in der Reiterei „ein Mittel für und gegen alles".

Die Trittfrequenz des Pferdes wird im Schulterherein so erhöht, daß es in die diagonale Fußfolge übergeht. Die ersten beiden verkürzten Tritte aus dem Schulterherein geradeaus sind für das Pferd eine geringere Anforderung als der kurze Trab im Schulterherein.

Da der Raumgewinn der Bewegung nach vorne durch das seitliche Übertreten begrenzt ist, muß auch nicht mit der Hand stark gegengehalten werden. Nach den ersten piaffeartigen Tritten ist sofort zu halten und zu loben.

Wer mit diesem Aufbau nicht zur Piaffe kommt, hat möglicherweise den Fehler gemacht, das Pferd mit einer zu langen Schulterherein-Phase im Schritt zu langweilen. Nur wenn man aus dem Halten heraus im Schulterherein die Trittfrequenz und den Ausdruck der Bewegung zugleich zunehmend erhöht, wird das Pferd so aufmerksam, daß es ohne scharfes Treiben von sich aus in die piaffeartigen Tritte übergeht.

Dabei muß das Pferd die Energie des Ausbilders entsprechend einem Crescendo in der Musik spüren. Er muß darauf achten, daß er das Pferd nur vibrierend aus der Gertenspitze berührt, wenn er belebend wirken will. Ein scharfes Treiben aus der Gertenmitte dagegen bewirkt, daß das Pferd sich verhält und im schlimmsten Fall revoltiert, und das ist in diesem Zusammenhang kontraproduktiv.

Der Ausbilder muß das Pferd bereits vor seinem „inneren Auge" in der optimalen Piaffe sehen und die Überzeugung ausstrahlen, daß er sein Ziel erreichen wird. Auch bei unzulänglichen Reaktionen des Pferdes darf dieses „innere Bild" nicht verblassen. Wenn das gelingt, werden unverhältnismäßig scharfe Einwirkungen entbehrlich.

Entwicklung der Piaffe aus dem Schulterherein: Friesenhengst Nardo

Für viele Großpferde liegt das optimale Tempo in der Piaffe ungefähr zwischen 90 und 100 Tritten pro Minute. Wer Schwierigkeiten mit dem Tempo hat, das er vorgeben will, sollte sich an einem Metronom ausrichten.

„EINTAKTEN“ MIT DER STIMME

Manche Pferde können durch Stimmhilfen in ihren Bewegungen eingetaktet werden, in der Piaffe z. B. mit gleichmäßigem Schnalzen. Dabei muß der Ausbilder das Tempo vorgeben und darf keinesfalls auf das vom Pferd angebotene Tempo eingehen, das meistens zu langsam oder zu schnell ist. Manche Betrachtungen dieses Abschnitts gelten insofern auch für andere Gangarten.

Die Art und Weise des Schnalzens kann man je nach Ziel variieren: Bei einem Pferd, das die Tendenz hat, zu schnell zu treten, sollte man beruhigend schnalzen und darauf achten, daß das Geräusch nicht zu hoch und damit nicht zu „grell“ wirkt. Wer nicht beruhigend schnalzen kann, sollte verbal auf das Pferd einwirken, z. B. mit den Worten „tapp-tapp“, und dabei immer wieder seine Ausstrahlung optimieren.

Bei einem Pferd, das dagegen zu langsam tritt, sollte ein Schnalzer die innere Erregung des Ausbilders erkennbar machen, die das Pferd aufmerksam stimmt, weil es nicht vorhersehen kann, welche Aktionen er als nächstes folgen lassen wird.

Ein unmotiviertes Pferd darf nicht durch gleichmäßiges Schnalzen beruhigt und abgestumpft werden. Hier empfiehlt es sich, in kurzen Reprisen nur jeweils den Anfang durch Schnalzer in staccato zu markieren, und für den Fall, daß das Pferd nicht fleißig weitertritt, mit der Gerte kurz und energisch einzuwirken:

Sobald das Pferd sich – wenn auch ungeregelt – eifrig bewegt, ist die Reprise sofort zu beenden und das Pferd kurz zu loben. Danach ist es sogleich mit minimierten Hilfen erneut zum Anpiaffieren aufzufordern. Eine lange Pause zwischen den beiden Reprisen könnte bewirken, daß der aufweckende Effekt der vorausgegangenen Aktion nutzlos abgebaut wird.

Für viele Großpferde liegt das optimale Tempo in der Piaffe ungefähr zwischen 90 und 100 Tritten pro Minute. Wer Schwierigkeiten mit dem Tempo hat, das er vorgeben will, sollte sich an einem Metronom ausrichten.

Am besten findet man anhand einer Videoaufnahme durch Zählen der Tritte des Pferdes pro Einheit heraus, in welcher Frequenz das Pferd den schönsten Ausdruck hat, und stellt sie dann in der Bahn am Metronom ein.

Überraschend ist immer wieder, wie unterschiedlich der Ausdruck des Pferdes bei einer auch nur ganz geringen Veränderung der Trittfrequenz ist. Manchen wird vielleicht das „seelenlose Geklacker“ des Metronoms bald „auf die Nerven gehen“. Dann kann es hilfreich sein, sich Musikstücke zu suchen, die in

Takt und Tempo für die Trittfrequenz optimal sind. Die Einwirkungen sind der Musik anzupassen.

Zurück zu den Stimmhilfen: Undifferenziertes Schnalzen lockert vielleicht den Unterkieferbereich des Ausbilders, stumpft aber das Pferd ab und sollte unterbleiben. Der Ausbilder sollte deshalb die Wirkung seines Schnalzers immer wieder beobachten und wenn nötig zweckmäßig verändern.

Die optimale Ausstrahlung des Pferdes kommt nur zur Geltung, wenn sie nicht durch unzweckmäßige „Hilfen" behindert wird.

Nicht nur der Takt, sondern auch der Ausdruck der Bewegung ist mit der Stimme zu beeinflussen. Will man den Ausdruck vergrößern, kann man das mit einem verbalen Appell bewirken: „größer" oder „mehr" mit Nachdruck ausgesprochen, lassen das Pferd größer treten. Damit kann man auch übereifrig trippelnde Pferde positiv zu größeren Tritten bestimmen, für die sie mehr Zeit brauchen und die dadurch ruhiger werden.

Optimal wird die Ausstrahlung des Pferdes in der Piaffe wie auch sonst erst dann, wenn taktmäßige Einwirkungen des Ausbilders aussetzen und das Pferd sich in seinem optimalen Tempo allein entfaltet. Dieses Ziel sollte der Ausbilder nie aus den Augen verlieren und bestrebt sein, die Stimmhilfen möglichst früh zu minimieren, die auch in Dressurprüfungen nicht mehr zulässig sind. Bei aller Wertschätzung für die Stimmhilfen sollten die Reiterei und die sie vorbereitende Arbeit an der Hand keine akustischen Ereignisse werden.

Der zum Zeitpunkt der Aufnahme 29jährige Hannoveraner Keno wird an der Hand in der Piaffe gelöst und damit auf höhere Anforderungen unter dem Reiter vorbereitet.

EINSATZ VON HILFSZÜGELN

Es sollte keine Frage der Weltanschauung sein, ob das Pferd zur Arbeit an der Hand ausgebunden wird oder nicht. Regelmäßig ist der Einsatz von Hilfszügeln zweckmäßig, im Einzelfall ist er von den Eigenschaften des Pferdes und den Fähigkeiten des Ausbilders abhängig.

Viele Pferde sind ausgebunden leichter an der Hand zu fördern als unausgebunden. Für besonders sensible Pferde empfiehlt es sich, Schlaufzügel zu verwenden, die weniger einengend empfunden werden als starre Ausbinder. Je nach Ausbildungsziel können die Schlaufzügel unterschiedlich verschnallt werden.

PIAFFE AN DER HAND MIT LÖSENDER FUNKTION

Ein fortgeschrittenes Pferd kann durch Piaffe an der Hand vor dem Reiten zugleich gelöst und versammelt werden. Von dieser Möglichkeit sollte besonders bei Pferden Gebrauch gemacht werden, die schonend gearbeitet werden müssen und z. B. ein langes Abtraben nicht vertragen.

Der Langstreckenlauf ist nicht die geeignete Vorbereitung für den Auftritt einer Tänzerin oder eines Boxers.

Dazu empfiehlt es sich, die ersten Piaffereprisen an der Hand ohne Rücksicht auf die Qualität bei mäßigem Nachtreiben ganz kurz zu halten (maximal vier Tritte).

Man darf von dem noch nicht aufgewärmten Pferd keine Höchstleistungen erwarten. Es ist aber überraschend, wie nach einigen Übergängen eifriger versammelter Schritt – Ansatz zur Piaffe – eifriger versammelter Schritt Elastizität und Spannkraft der Muskulatur zunehmen. Die Bewegungen des Pferdes werden bei zweckmäßigem Aufbau ausdrucksvoller, ohne daß man stärker nachtreiben muß. Schließlich bieten die Pferde auch längere Reprisen in dieser Manier an.

Wer dagegen zu früh zu lange Piaffereprisen mit großem Ausdruck verlangt, wird Verspannungen und Ungehorsam des Pferdes provozieren.

Ein an der Hand vorbereitetes Pferd kann danach unter dem Reiter gleich an die hohe Leistung herangeführt werden. Man bedenke, daß auch eine Tänzerin oder ein Boxer vor ihrem Auftritt wohl Gymnastik, aber keinen 5000-m-Lauf machen, um sich aufzuwärmen und die Muskulatur zu lockern.

Wer sein Pferd lange leistungsfähig halten will, sollte den Aufbau einer Ausbildungseinheit so gestalten, daß er alle Anforderungen in einer halben bis dreiviertel Stunde realisiert hat. Gegner dieser Auffassung mögen bedenken, daß die Pferde der Spanischen Reitschule Wien, mit denen nach diesem Prinzip gearbeitet wird, ihren Leistungshöhepunkt in der Regel zwischen dem 18. und 21. Lebensjahr erreichen. Der Gesichtspunkt widerspricht allerdings dem zeitgemäßen Konsumdenken.

Auch wenn das Pferd ein Lauftier ist und als solches behandelt werden muß, ist stundenlanges Arbeiten nicht für jedes Pferd und unter allen Umständen organisch verträglich.

Jedes gute Prinzip kann pervertiert werden, wenn die Voraussetzungen nicht vorliegen, unter denen seine Anwendung zweckmäßig ist.

Bei jungen Pferden mit großem Bewegungsdrang sollte die Lösungsphase anders aussehen als bei älteren, bereits weiter ausgebildeten Dressurpferden

Maestos Gratia in der Piaffe in den Pilaren: Mit dem Führzügel wird die Anlehnung an den Pilarenzügeln sichergestellt.

PILARENARBEIT

Eine weitere Möglichkeit, um das Pferd in der Piaffe zu festigen, ist die Arbeit an und in den Pilaren.

Die Pilaren sind zwei Pfeiler, die in etwa 160 cm Entfernung voneinander im Boden befestigt sind. Sie müssen die Möglichkeit bieten, daß in unterschiedlichen Höhen Pilarenzügel befestigt werden können, an denen das Pferd seitlich angebunden wird.

Selbst wenn man nicht die Absicht hat, das Pferd in den Pilaren zu fixieren, können sie als Katalysatoren in der Bahn hilfreich sein. Das gilt insbesondere für Pferde, die beim Anpiaffieren auf dem Hufschlag bei jedem Tritt gegen die Bande treten und dem polternden Geräusch mehr Aufmerksamkeit widmen als dem Ausbilder. Er kann diesen Fehler zwar abstellen, indem er einen Helfer das Pferd führen läßt und selbst mit der Gerte an der äußeren Seite der Kruppe das Ausfallen der Hinterhand verhindert.

Ist er aber allein, ist es hilfreich, ein solches Pferd in verkürzten diagonalen Tritten um die Pilaren – oder auch nur einen Pilar – zu drehen. Sind Pilaren nicht vorhanden, kann man statt dessen auch einen Baum oder einen ähnlichen Gegenstand als Hilfsmittel verwenden.

Rechts oben: Vorbereitung auf die Piaffe am hingegebenen Zügel in den Pilaren

Rechts unten: Auch Schulen über der Erde können in den Pilaren ausgeführt werden: Maestoso Gratia in der Pesade.

Bei dieser Übung hat der Ausbilder in der Wendung den größeren Weg und muß deshalb zügig vorwärts gehen, selbst wenn das Pferd sich in den gewünschten verkürzten Tritten bewegt. Auch viele Pferde ohne ausgeprägtes Talent für die Piaffe entspannen sich in dieser Übung, bei der sie sowohl den Ausbilder als auch den Pilar im Auge haben. Abgesehen von wenigen Ausnahmen sind die Pferde bestrebt, in der Bewegung die Pilaren nicht zu berühren. Bei Pferden mit hoher natürlicher Aggressionsbereitschaft ist zu beobachten, daß sie sich ein – oder mehrmals gegen den Pilar werfen und, wenn er nicht nachgibt, auf Distanz zu ihm gehen.

Das Pferd muß bei jedem Tritt etwas vorrücken und sich etwas drehen. Diese Kombination macht auch Pferde für die Piaffe geschickt, die auf der geraden Linie mit den Hinterfüßen nicht abwechselnd vortreten würden, sondern nach Art von Redoppsprüngen jeweils mit beiden Hinterbeinen fast gleichzeitig vorspringen. Diese Redoppsprünge sind in der engen Wendung besonders anstrengend, und die meisten Pferde, die sich auf der geraden Linie zur Piaffe auf diese Weise entziehen, finden in der Drehung um den Pilar oder die Pilaren herum zu einer diagonalen Fußfolge. Dies gilt gerade für moderne Sportpferde mit gewaltiger Schubkraft und feinmotorischen Schwierigkeiten in Lektionen der ausgeprägten Versammlung: Auch die untalentiertesten Pferde lernen in der Drehung um einen Pilar oder die Pilaren die Piaffe – wenn es dem Ausbilder gelingt, gravierende Fehler zu vermeiden.

Erst wenn das Pferd wenigstens ansatzweise piaffieren kann, sollte es in den Pilaren fixiert werden.

Verwendet wird dazu als Pilarenzaum ein ganz weich abgepolsterter Kappzaum, hilfsweise ein Stallhalfter. Ob das Pferd zusätzlich auf Trense gezäumt und seitlich ausgebunden werden sollte, muß davon abhängig gemacht

Maestos Gratia in der Piaffe am hingegebenen Zügel

werden, wie die notwendige Harmonie am leichtesten hergestellt werden kann: Viele Pferde fühlen sich ohne seitliche Ausbindung in den Pilaren weniger eingeengt und entspannen sich so leichter.

Wichtig ist zunächst, daß das Pferd weiche Anlehnung an den Pilarenzügeln hält und nicht in die starre Anbindung hineinspringt. Pilarenarbeit sollte deshalb anfangs mit einem Helfer ausgeführt werden, der mit einem zusätzlichen Führzügel schräg vor dem Pferd stehend dafür sorgt, daß das Pferd Kontakt an den nicht zu lang geschnallten Pilarenzügeln aufnimmt und keine Angst bekommt.

Anfängliches seitliches Übertreten schafft beim Pferd Vertrauen zu den treibenden Hilfen des Ausbilders und motiviert für die Piaffe. Durch richtig ausgeführte Pilarenarbeit können unmotivierte Pferde eifriger und unruhige Pferde beruhigt werden.

Erst wenn das Pferd gut an die Pilaren gewöhnt ist, kann auf den Helfer verzichtet werden. Der Takt in der Piaffe sollte nicht durch Touchieren gestört werden.

Hat ein Pferd gelernt, gewichtslos in den Pilaren zu piaffieren, begünstigt das auch die Piaffe auf der Stelle unter dem Reiter, ohne daß er mit den Händen stark bremsend einwirken muß. Ein auf diese Weise gefestigtes Pferd kann schließlich dazu gebracht werden, auch an jeder anderen Stelle der Reitbahn sogar am hingegebenen Zügel zu piaffieren. Hier zeigt sich, daß gewichtslos die Arbeit unter dem Reiter sinnvoll vorbereitet werden kann.

Polka und Spanischer Schritt

Ist die Versammlungsfähigkeit des Pferdes durch Piaffeübungen hinreichend gefestigt, kann die Passage auch mit Hilfe der Polka und des Spanischen Schritts vorbereitet werden. Bei Pferden, bei denen sich die Passage nicht aus der Piaffe entwickeln läßt, kann man zunächst im Halten das Anheben der Vorderbeine durch leichtes Touchieren bewirken. Man berührt dazu das Vorderbein an der Vorderseite mit der Gertenspitze. Zu empfehlen ist dafür eine feste Gerte. Ist die Gerte zu beweglich, beobachtet das Pferd fasziniert deren Bewegung, ohne auf die Berührung zu reagieren.

ENTWICKLUNG DER POLKA

In welcher Höhe touchiert wird, sollte davon abhängig gemacht werden, an welcher Stelle das Pferd am besten reagiert. Diese Höhe ist für die ersten Übungen zu nutzen.

Wenn das Pferd verstanden hat, daß es auf die Gertenberührung das Bein anheben soll, kann später die Höhe des Gerteneinsatzes variiert werden. Man kann das Pferd so konditionie-

Spanischer Schritt in den königlichen Gärten Hannover-Herrenhausen: Helga Syz mit dem Andalusier Babieca und Jutta Szentmiklossy von Primocz mit dem Lusitanohengst Imbiri

ren, daß die Gerte zwischen Kronenrand und Vorderfußwurzelgelenk eine runde, eingezogene Bewegung bewirkt, während die höher gehaltene Gerte das Strecken der Vorderbeine bewirken kann. Auch bei zunächst geringer Reaktion darf man nicht stärker touchieren, damit das Pferd keine Angst bekommt. Es sollte vielmehr die natürliche Aggressionsbereitschaft genutzt werden. Das Pferd verhält sich gegenüber der Gerte wie gegenüber einem Insekt, das es vertreiben will.

Der Ungebübte macht leicht den Fehler, zu sehr auf das Strecken des Beines und zu wenig auf den Vorwärtsschwung zu achten.

Bei häufiger Wiederholung der Übung, verstärkt durch Lob und Belohnung, wird das touchierte Vorderbein immer ausdrucksvoller angehoben. Je höher die natürliche Aggressionsbereitschaft des Pferdes, desto schneller der Fortschritt.

Wenn das Pferd gelernt hat, im Halten auf leichtes Touchieren die Vorderbeine zu strecken, kann damit in der Bewegung begonnen werden. Der Ungeübte macht dabei leicht den Fehler, zu sehr auf das Strecken des Beines und zu wenig auf den Vorwärtsschwung zu achten. Wer bei dieser Übung am Pferd rückwärts geht, ist dieser Gefahr noch stärker ausgesetzt als jemand, der mit dem Pferd in dessen Bewegungsrichtung vorwärts geht.

Zunächst ist immer das Heben desselben Beines anzufordern. Erst wenn das auf leichte Hilfen gelingt, kann eine erhöhte Aktion des anderen Vorderbeines verlangt werden. Bei Schwierigkeiten kann ein Handwechsel hilfreich sein, um die freiwillige Mitarbeit des Pferdes zu fördern.

Schon bald kann zum Beinstrecken bei jedem dritten Schritt übergegangen werden, so daß das Pferd zwischen zwei gestreckten Schritten deutlich vorwärts geht.

Diese Übung wird Polka genannt. Dabei sollte das Kommando von einem weichen Zügelanzug begleitet und der Einsatz der Gerte minimiert werden, damit er bald ganz überflüssig wird.

In der Anfangsphase kommt es zunächst darauf an, daß das Pferd zwischen den beiden gestreckten Schritten zügig vorwärts geht. Wenn das abgesichert ist, sollte schon bald darauf geachtet werden, daß während des Streckens des Vorderbeines bereits das diagonale Hinterbein vorschwingt und damit der Bewegungsfluß erhalten bleibt. Es sollte also Wert darauf gelegt werden, daß nicht beide Hinterbeine am Boden verharren, während ein Vorderbein angehoben wird.

Wenn dieser Fehler in der Polka nicht beseitigt werden kann, sollte zum isolierten Strecken eines Beines in der Bewegung zurückgegangen werden. Dabei sollte der Ausbilder auch während der Streckphase nicht stehend verharren, sondern gleichmäßig weitergehen.

Manche Pferde haben die Tendenz, den Hals zu verbiegen und sich seitlich schief zu machen. Arbeitet man auf einem Longierzirkel ohne hohe Bande, so kann ein Helfer außerhalb des Zirkels mitgehen und durch einen außen eingehängten Führzügel das Pferd geraderichten. In Wendungen hat dieser Helfer den größten Weg und muß deshalb besonders zügig mitgehen.

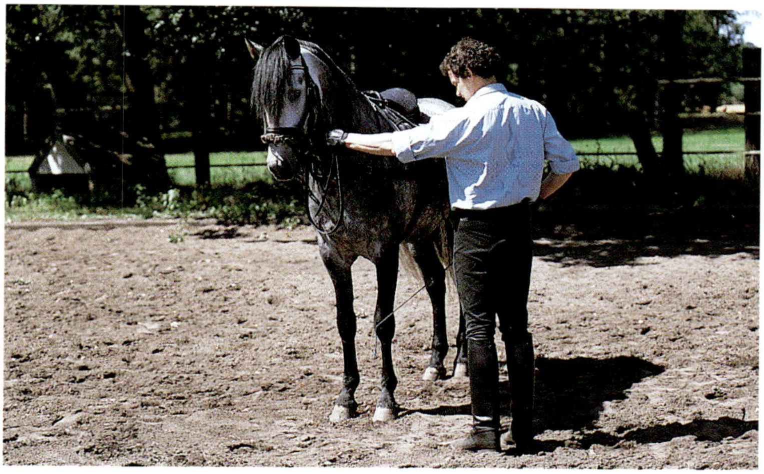

Touchieren des linken Vorderbeines und die eifrige Reaktion des Andalusierhengstes Ureo

Bei einem Pferd, das sich verhält, kann auch ein Helfer, der mit einer Gerte an der Hinterhand weich vorwärts treibt, eine positive Wirkung entfalten. Ist der Ausbilder auf sich allein gestellt, so kann er die Gerte, mit der er das Pferd zu größerem Ausdruck der Vorderbeinbewegung auffordert, auch hinter seinem Körper in Richtung auf die Kruppe zubewegen und dort bei

Bedarf anlegen. Damit wird das Pferd noch aufmerksamer gemacht. Im übrigen sollte die Gerte dem Pferd an der Vorhand nur unmittelbar vor dem angeforderten Schritt mit höherer Aktion gezeigt werden und danach sofort wieder zurückgezogen werden, damit das Pferd nicht abstumpft.

Ist das Pferd nicht gerade gestellt, belastet es durch seine Kopf-Hals-Partie ein Vorderbein stärker als das andere. Das stärker belastete Vorderbein kann nur eine weniger hohe Aktion hervorbringen als das entlastete. Deshalb muß das Pferd geradegerichtet gehen.

Camarguehengst Guapo im Spanischen Schritt

Diese Erkenntnis kann man auch nutzen, wenn das Pferd zuviel Freude an der Übung bekommen hat und ohne Aufforderung bereits im Halten mit den Hufen zu scharren beginnt. Jede Strafe würde das Pferd nur verunsichern und verhindern, daß es sich in der nächsten Arbeitsphase unbefangen wieder ausdrucksvoll bewegt.

Statt ungewolltes Scharren oder Beinstrecken zu strafen und damit die positive Arbeitsatmosphäre zu zerstören, ist es zweckmäßig, den Pferdekopf über das ohne Aufforderung bewegte Vorderbein zu drücken. Die vermehrte Belastung blockiert die ungewollte Vorderbeinbewegung. Zeigt sich das Pferd dabei nervös und beginnt es nunmehr, den anderen Vorderfuß anzuheben, so drückt man den Kopf über dieses neue Spielbein. Innerhalb kürzester Zeit beruhigt sich das Pferd und wartet ab, was von ihm verlangt wird. Unterstützt und beschleunigt werden kann diese Entwicklung durch den Einsatz der Stimme.

Das gewünschte Verhalten sollte stets positiv formuliert werden – z. B. „haaalt". Durch negative Formulierungen, z. B. „laß das", wird das Pferd dagegen nur verunsichert, ohne daß es weiß, wie es sich verhalten soll. Positive Formulierungen tragen zu

Während der Beinstreckübungen ist auf einen gerade gestellten Kopf des Pferdes zu achten.

einer angenehmen Arbeitsatmosphäre bei: Die Art der Formulierung beeinflußt die Körpersprache des Ausbilders, auch wenn er sich dessen nicht bewußt ist.

Bei den Beinstreckübungen sollte die Stimme angemessen eingesetzt werden: Bewährt haben sich ein verbal gegebenes Kommando oder ein Zungenschnalzer. Das gewählte Mittel – immer dasselbe – sollte beruhigend wirken, aber die Überzeugung des Ausbilders erkennen lassen, daß er seine Anforderungen durchsetzen wird. Insofern sollte man seine Ausstrahlung überprüfen, wenn es Schwierigkeiten gibt.

Das gewünschte Verhalten sollte stets positiv formuliert werden. Durch negative Formulierungen wird das Pferd dagegen nur verunsichert, ohne daß es weiß, wie es sich verhalten soll.

Wer noch nicht die Fähigkeit hat, seine Schnalzer so zu nuancieren, wie es das Pferd gerade braucht (mal mehr weckend – auffordernd, mal mehr beruhigend), sollte bei einem verbalen Kommando bleiben und den Klang seiner Stimme zweckmäßig variieren.

Wenn das Pferd die Stimm- und Gertenhilfen willig umsetzt, bekommen die Zügelhilfen eine größere Bedeutung: Das Strecken der Beine wird zunächst durch weiche Zügelanzüge begrenzt, und allmählich werden die Gertenhilfen durch die Zügelhilfen ersetzt. Dabei muß der Ausbilder Ruhe ausstrahlen und die Zügelanzüge müssen so dosiert werden, daß das Pferd sich dabei wohl fühlen kann. Spritzige Arrêts (kurze Zügelanzüge in staccato) sind unbedingt zu vermeiden.

Das Pferd ist allmählich so abzustimmen, daß es das Vorderbein so lange streckt, wie es den verstärkten Zügelanzug spürt und es sofort absenkt, wenn dieser nachläßt. Dabei kommt es weniger auf die Seite des Zügelanzuges an als auf den Moment, in dem er wirkt.

Zwar ist es üblich, aufgesessen den Zügel auf der Seite vermehrt anzuziehen, auf der das Pferd das Bein strecken soll. Das darf aber nicht dazu führen, daß der Pferdekopf auf diese Seite gezogen wird, weil sonst die Vorderbeinbewegung behindert wird.

POLKA UNTER DEM REITER

Nach der beschriebenen Vorbereitung ist das Strecken der Vorderbeine auch unter dem Reiter nicht mit größeren Schwierigkeiten verbunden.

Dabei wird der Ausbilder den Reiter anfangs zu Fuß mitgehend unterstützen und das Pferd dabei am Führzügel führen. Der Ausbilder gibt jeweils die Kommandos, touchiert die Vorderbeine – oder begnügt sich mit dem Zeigen und Wegziehen der Gerte –, der Reiter unterstützt durch Zügel-, Schenkel- und Gewichtshilfen. Mit beiden Schenkeln des Reiters ist hinreichend Kontakt zum Pferdekörper zu halten. Während das Pferd ein Vorderbein streckt, ist das jeweils diagonale Hinterbein mit dem entsprechenden Schenkel zusätzlich vorzutreiben. Der Reiter sollte bei dieser Übung den Oberkörper gut zurücknehmen und das Pferd in eine sichere Anlehnung an den Zügel herantreiben. Viele Pferde neigen bei den ersten Versuchen dazu, sich immer wieder zu verhalten. Ungeübte Reiter kommen dann leicht mit dem Oberkörper vor die Senkrechte. Diese unzweckmäßige – vom Reiter selbst oftmals nicht wahrgenommene – Gewichtsverlagerung stört zusätzlich den Bewegungsfluß.

Viele junge Pferde haben bei den ersten Versuchen unter dem Reiter die Tendenz, sich nach außen zu stellen. Insofern ist der Einsatz des Führzügels durch den zu Fuß mitgehenden Ausbilder hilfreich, um das Pferd gerade zu halten. Wenn das keine Schwierigkeiten mehr macht, kann der Führzügel ausgeschnallt werden. Der Ausbilder kann aus immer größerer Entfernung seine Unterstützung weiter minimieren, während der Reiter die volle Aufmerksamkeit des Pferdes durch souveräne Einwirkung auf sich lenken muß.

Ist das Pferd übereifrig und streckt es die Beine ungewollt statt bei jedem dritten Schritt schon jetzt bei jedem Schritt, so muß der Zügelkontakt zwischen den Streckphasen deutlich leichter, übergangsweise auch ganz aufgegeben und das Pferd schneller vorwärts getrieben werden.

Eine häufiger vorkommende Schwierigkeit ist allerdings der Mangel an Vorwärtsschwung. Um den Vorwärtsschwung des Pferdes immer wieder herzustellen, sind die Beinstreckübungen durch schwungvolle Trabphasen zu unterbrechen.

Auch wenn das Pferd allmählich auf immer feinere Hilfen reagiert, hat es sich bewährt, bei den Beinstreckübungen nie auf die Stimme zu verzichten. So wird vermieden, daß das Pferd später von sich aus ungewollt die Beine streckt, was z. B. in einer Dressurprüfung absolut störend wäre.

Spanischer Schritt

Friesenhengst Fumagalli (5jährig) im Spanischen Schritt in ausdrucksvoller Aktion unter Andrea Schmitz

In der Anfangszeit strecken viele Pferde regelmäßig ein bestimmtes Vorderbein deutlich lieber und ausdrucksvoller als das andere. Sowohl an der Hand als auch später unter dem Reiter kann man dem abhelfen, indem man nach Art eines nur einseitig ausgeführten Spanischen Schritts immer nur das Vorderbein anheben läßt, mit dem das Pferd weniger geschickt ist. Dazu läßt man z. B. im Schritt das linke Vorderbein immer verstärkt anheben, wenn es sich vom Boden löst, während es mit dem rechten im normalen Schrittausdruck vorgeht.

Verweigert ein Pferd, nachdem es verstanden hat, was von ihm verlangt wird, plötzlich generell das verstärkte Anheben eines bestimmten Vorderbeines, kann der einseitig ausgeführte Spanische Schritt ein geeignetes Mittel sein, um zur genaueren Mitarbeit zu motivieren.

Wird z. B. das Strecken des rechten Vorderbeines verweigert, so kann man das Pferd auffordern, in einer langen Reprise ohne Pause immer wieder das linke zu strecken, während man das Strecken des rechten Vorderbeines gar nicht mehr anfordert. Irgendwann ermüdet das Pferd im Strecken des linken Vorderbeines und bietet das Strecken des rechten Vorderbeines ohne Hilfe von selbst an. Sofort halten, loben und belohnen!! In der nächsten Reprise wird das Pferd ohne deutliche Hilfe in der Regel auch das rechte Vorderbein wieder entsprechend den Hilfen bewegen.

Links: Barabra Heilmeyer mit ihrer Fjordstute Thirza zeigt hier beim Reken-Festival, daß ein ausdrucksvoller Spanischer Schritt nicht nur mit iberisch geprägten Hengsten möglich ist.

Rechts: Maestoso Gratia im Spanischen Schritt.

SPANISCHER SCHRITT

Über diese Vorübungen kommt man zum geregelten Spanischen Schritt, bei dem das Pferd abwechselnd beide Vorderbeine ausdrucksvoll anhebt.

Anfangs begnügt man sich mit zwei Schritten, entwickelt aus dem langsamen Schritt, und läßt das Pferd danach im Schritt mit normalem Ausdruck weitergehen. Wenn dabei der ganz ruhige Bewegungsfluß erhalten bleibt und keine Taktstörung auftritt, kann man vier Schritte anfordern. Leidet der Vorwärtsschwung dabei, kann er durch einen Übergang in den Trab wiederhergestellt werden.

Der Spanische Schritt ist zweckmäßigerweise zuerst an der Hand zu üben. Erst wenn er auch in längeren Reprisen gefestigt ist, sollte zur Ausführung unter dem Reiter übergegangen werden. Der Spanische Schritt gehört zwar nicht zu den klassischen Schullektionen im engeren Sinne, wenn das Pferd ihn aber zumindest ansatzweise ausführt, kann er eine gute Vorbereitung für die Passage sein, wenn deren Entwicklung aus der Piaffe oder aus dem Trab nicht möglich ist.

Im übrigen ist der Spanische Schritt ein hervorragendes Mittel, um verspannte Pferde zu entspannen. Bekommt das Pferd unter dem Reiter zuviel Freude an der Lektion und bietet es sie unaufgefordert an, kann diese Tendenz durch Schulterherein in

starker seitlicher Abstellung und höherer Trittfrequenz beseitigt werden, weil das Pferd in dieser Kombination das Strecken der Beine nicht durchhalten kann.

Setzt der Ausbilder mit innerer und äußerer Ruhe und der richtigen Technik einen logisch-konstruktiven Aufbau der Lektionenfolge durch, braucht er keine Sorge zu haben, „die Geister, die er rief", nicht wieder loszuwerden.

Links: Lusitanohengst Fadista unter Ruth Giffels in der Passage

▶ Entwicklung der Passage

Die Passage ist eine erhabene Trabbewegung mit geringem Raumgewinn und deutlich verlängertem Schwebemoment. Die Lektion ist durch ausgeprägte Versammlung gekennzeichnet: Die Unterarme des Pferdes werden in idealer Ausführung bis zur Waagerechten angehoben, während die gut herangeschlossenen Hinterbeine vermehrt Last aufnehmen und kraftvoll vorwärts-aufwärts abfedern.

Der hier beschriebene Ausdruck der Bewegung kann – abhängig vom Gebäude und Talent – nicht von jedem Pferd erwartet werden, wohl aber eine Ausführung ohne seitliches Schwanken.

„Die Passage hat völlig anders geartete Voraussetzungen als die Piaffe. Sie bezeugen einem Pferd Pferd ein Balancevermögen im Gleichgewicht ähnlich einem Tänzer, der durch richtige Fußsetzung beim Vorwärtsschreiten Adel und Eleganz in seine Bewegungen zu legen vermag."

Kurt Albrecht

ÜBERGÄNGE PIAFFE – PASSAGE

Nach der reinen Lehre ist es wünschenswert, die Passage aus der Piaffe zu entwickeln. Das gelingt aber nur dann, wenn die Piaffe wirklich optimal ausgeführt wird, so daß man aus ihr in jede Form des Trabes übergehen kann. Ist diese Voraussetzung gegeben, braucht man ein Großpferd nur aus der Piaffe ca. 80 cm pro Tritt vorzulassen, ohne die Trittfrequenz zu verändern – und die Passage stellt sich von selbst ein.

Die meisten Großpferde zeigen nämlich den schönsten Ausdruck in der Passage, wenn das Tempo von 90 bis 100 Tritten aus der Piaffe in die Passage übernommen wird. Wer seine Pferde mit einem Metronom eintaktet, wird überrascht sein, wie unterschiedlich der Ausdruck der Bewegung ist, wenn man das Tempo auch nur geringfügig verändert.

Bei einigen Pferden, die wirklich optimal piaffieren, kann man aus dieser Lektion schon durch Vergrößern des Raumgewinns die Passage so wahlweise an der Hand oder unter dem Reiter entwickeln. Wichtig ist dabei, daß der Ausbilder den Moment des „Eintritts" aus der Piaffe ohne großen Raumgewinn in die Passage auf den Tritt genau bestimmt.

Die Übung mißlingt auch bei talentierten Pferden, wenn

Zwei Lektionen, die sich gut aufeinander auswirken: Starker Trab …

der Raumgewinn in der Piaffe allmählich immer mehr verlängert wird, in der Hoffnung, das Pferd werde irgendwann von selbst zur Passage finden.

Die „Vorwärts-Piaffe“ mit großem Raumgewinn ist zur Vorbereitung der Passage kein geeignetes Mittel, weil dem Pferd nur schwer verständlich zu machen ist, daß es sich plötzlich weniger in den Hanken setzen und statt dessen mehr fliegen lassen soll.

ÜBERGÄNGE TRAB – PASSAGE

Der Eindruck des in der Passage wirklich schwebenden Pferdes ist im allgemeinen aber nur zu erreichen, wenn aus der Passage in den starken Trab vorgelassen werden kann. Das kann unter dem Reiter besser als an der Hand bewirkt werden.

Pferde mit gut ausgeprägtem Schwingen im Trab können auch aus dieser Gangart in die Passage gebracht werden. Gerade bei vielen modernen Sportpferden kann diese Möglichkeit genutzt werden. Durch überraschende Übergänge versammelter Trab (auch in Traverslektionen) – starker Trab und zurück wird die Aufmerksamkeit des Pferdes für die reiterlichen Hilfen erhöht.

Erwartet das Pferd die freie Vorwärtsbewegung, kann man durch weiches, aber deutliches Gegenhalten mit der Hand bewirken, daß das Pferd einige ausdrucksvoll verlangsamte Tritte zeigt.

... und Passage: Ruth Giffels auf dem Lusitanohengst Fadista.

Wer so mit der Passage beginnt, muß jedoch darauf achten, daß das Pferd sie in unzulänglicher Ausführung nicht als Abwehr einsetzt und, wenn versammelter Trab verlangt wird, mit ungenügend Last aufnehmenden Hinterbeinen einfach langsam „davonschwimmt".

Um das zu vermeiden, sollte grundsätzlich mit der Ausbildung der Piaffe vor der Passage begonnen werden, auch wenn man mit der Passage nicht warten muß, bis die Piaffe perfekt gelingt.

ÜBERGÄNGE SPANISCHER SCHRITT – PASSAGE

Bei Pferden, die weder optimal piaffieren noch gut im Trab schwingen, kann die Passage schonend an der Hand vorbereitet werden, wenn das Pferd wenigstens ansatzweise den Spanischen Schritt ausführen kann. Das Pferd sollte dazu gelernt haben, im Schritt auf Kommando in Verbindung mit dem Zeigen der Gerte die Vorderbeine ausdrucksvoll vom Boden abzuheben, ohne daß die Fußfolge der Bewegung leidet.

Wenn das erreicht ist, kann in den verkürzten Trab übergegangen werden. In Verbindung mit dem Kommando zum verstärkten Anheben wird ein Vorderbein leicht touchiert. Wenn das Pferd daraufhin einen Tritt mit auch nur etwas höherer Aktion zeigt, ist die Arbeit sofort zu unterbrechen und das Pferd zu loben.

Bereits dieses einmalige Anheben des Vorderbeines mit größerem Ausdruck ist für das Pferd zunächst eine erhöhte Anforderung. Der verstärkten Belastung der Hinterbeine versucht es sich meist dadurch zu entziehen, daß es – vielleicht sogar unerwartet plötzlich – den Kopf vorwärts-abwärts senkt und so die Vorhand mehr be- und die Hinterhand mehr entlastet.

Diese unerwünschte Reaktion sollte möglichst sanft durch lockere Arrêts von unten nach oben korrigiert werden, ohne daß die Motivation des Pferdes für die weitere Mitarbeit eingeschränkt wird. Der Ausbilder muß in dieser Phase dem Pferd unbedingt seine Zufriedenheit über die höhere Vorhandaktion verdeutlichen, während die Korrektur ganz locker nebenbei ausgeführt werden sollte.

Bekommt das Pferd den Eindruck, daß der ruhig gehaltene Kopf dem Ausbilder wichtiger ist als die höhere Vorderbeinaktion, muß er sich nicht wundern, wenn das Pferd diese von selbst nicht anbietet.

Manches Pferd wird im Trab zunächst nicht auf die Hilfe zum ausdrucksvolleren Treten reagieren. Dann ist zunächst vom Trab zum Schritt durchzuparieren, ein Schritt mit höherer Aktion zu verlangen, sofort wieder anzutraben – und zu loben!

Die Funktionsweise des Aufsatzzügel

Wenn das Pferd schon auf die Aufforderung zum ausdrucksvolleren Treten wartet, wird es bald möglich sein, auf das Durchparieren zum Schritt zu verzichten. Der Trabtritt mit höherer Aktion stellt sich dann fast von selbst ein.

Die Hilfen für einen ausdrucksvolleren Tritt sind dann möglichst bald zu minimieren.

Wenn das gelungen ist, kann das Pferd zu zwei solchen Tritten aufgefordert werden. Möglicherweise muß dabei zunächst der treibende Impuls für den zweiten Tritt intensiver sein als für den ersten, den das Pferd bereits erwartet.

Auch hier ist zunächst die Reaktion des Pferdes auf feinere Hilfen herzustellen, bevor nach demselben Prinzip der dritte und vierte Tritt entwickelt wird.

Gerade die ausdrucksvollen Bewegungen in längeren Reprisen sind anstrengend.

Manche Pferde versuchen sich deshalb der notwendigen Aufrichtung durch ein Vorwärts-abwärts-Stoßen mit dem Kopf zu entziehen. Hier kann es hilfreich sein, ergänzend zum Ausbindezügel einen Aufsatzzügel zu verwenden, der die Aufrichtung des Pferdes erhält und Harmoniestörungen verhindert. Voraussetzung dafür ist allerdings, daß das Pferd bereits vorher an der Longe behutsam an diesen Hilfszügel gewöhnt worden ist.

Wenn das Pferd durch häufige Wiederholungen ohne übertriebene Anforderung für die Übung gekräftigt ist und die Hilfen willig umsetzt, wird der Aufsatzzügel bald überflüssig.

Man sollte nicht beunruhigt sein, wenn das Pferd anfangs nur unterschiedlich ausdrucksvolle Schritte anbietet, die mehr oder weniger gestreckt sind. Das Strecken der Vorderbeine kann regelmäßig in eine rundere Aktion umgewandelt werden, wenn

Entwicklung der Passage aus dem Spanischen Schritt: treibende Hilfe weit unten am Vorderbein

das Pferd vorn tiefer mit der Gerte touchiert wird – etwa am Kronenrand oder nur wenig höher – und zusätzlich der Kopf mehr aufgerichtet wird.

Im Laufe der Zeit können viele Pferde darauf gestimmt werden, auf Touchieren ganz unten am Vorderbein eine runde eingezogene Passage auszuführen, dagegen auf Touchieren in Höhe der Brust die gestreckte Passage, auch Spanischer Trab genannt.

Beide Übungen sollte aber nur verlangen, wer schon eine gewisse Routine mit der Ausbildung von Pferden in der Passage bekommen hat. Der Ungeübte riskiert, daß das Pferd die eingezogene und die gestreckte Ausführung beliebig mischt und die wünschenswerte Präzision nie erreicht wird.

Bei vielen Pferden wird schon die Passage mit nicht gestreckten, zuverlässig angezogenen Vorderbeinen über längere Zeit eine interessante Aufgabe für den Ausbilder bleiben.

Durch gezieltes Training ergibt sich die gewünschte runde Vorderbeinaktion des Pferdes in der Passage.

VERFEINERUNG DER PASSAGE UNTER DEM REITER

Es empfiehlt sich, nach der beschriebenen Vorbereitung bald einen Helfer aufsitzen zu lassen, der anfangs die Anforderung des zu Fuß mitgehenden Ausbilders nur passiv begleitet, allmählich aber mehr und mehr die Hilfen übernimmt.

Wenn das Fixieren des Pferdes am Führzügel nicht mehr notwendig ist, kann der Ausbilder sich vermehrt auf die treibenden Hilfen konzentrieren: Mit einer festen Gerte kann er vorn und einer weicheren Gerte an der Hinterhand die Aktion des Pferdes günstig beeinflussen. Übergänge Passage – Trabverstärkung fördern den Vorwärtsschwung des Pferdes und bewirken, daß der Ausbilder sich mehr und mehr zurückziehen kann.

Er sollte darauf achten, daß auch der Reiter seine Einwirkung in der Passage immer weiter minimiert. Anzustreben ist, daß das Pferd allein durch Schenkeldruck bei gegenhaltenden Händen in die Passage übergeht und in der Übung bleibt, bis es zu einer anderen Lektion aufgefordert wird. Bei vielen Pferden werden jedoch in der Anfangszeit akustische rhythmische Einwirkungen – ähnlich wie beim Spanischen Schritt – zweckmäßig sein.

Durch gezieltes Training ergibt sich die gewünschte runde Vorderbeinaktion des Pferdes in der Passage.

Bei Pferden, die auch nach den Übergängen von der Passage in die Trabverstärkung und zurück in der Passage die Vorderbeine zu wenig anwinkeln und zu stark strecken, können Wendungen in der Passage, insbesondere Schlangenlinien, eine rundere Aktion bewirken. Dabei ist darauf zu achten, daß das Pferd zunächst nur ganz behutsam bei jedem zweiten Tritt – wenn das innere Vorderbein jeweils als Spielbein in der Luft ist – gewendet wird, wenn die Gangart erhalten bleiben soll.

Die Ecken müssen gut abgerundet werden, wenn das Pferd die Tendenz hat, dort aus der Passage auszufallen. Paraden am äußeren Zügel sollten hier übergangsweise durch freundliche, leichte Aufwärtsparaden am inneren Zügel bei festem Kontakt am äußeren ersetzt werden.

Übergänge Piaffe–Passage–Piaffe und Seitengänge in der Passage können dazu beitragen, die Aktion der Vorderbeine runder werden zu lassen und die notwendige Aktivität der Hinterhand zu bewirken.

Seitengänge in der Passage sind zunächst mit ganz geringer seitlicher Abstellung auszuführen: Die Gangart hat Priorität vor dem Seitengang.

Zu beginnen ist mit Schulterherein. Die seitwärtstreibende Hilfe ist anfangs während des Kreuzens der Vorderbeine besonders zurückhaltend einzusetzen, damit die Gangart erhalten bleibt. Gelingt das Schulterherein in der Passage, können auch Traversalen in dieser Lektion ausgeführt werden, über einen längeren Zeitraum hinweg zunächst mit ausgeprägter Vorwärts- und nur geringer Seitwärtstendenz.

Gegner der hier beschriebenen Art der Passage-Entwicklung mögen bedenken, daß sie auch für ungeübte Reiter praktikabel

Maestoso Gratia in der Passage

ist und Pferde die Lektion verschleißfrei lernen können, die sie mit anderen Ausbildungsmethoden nie erreichen würden. Routinierte Reiter mit Pferden, die bereits „im Mutterleib“ piaffiert und passagiert haben, können darauf verzichten.

Reiter, die mit Pferden zu tun haben, die für die Passage weniger talentiert sind, können aber mit dem hier beschriebenen Ausbildungsweg interessante Erfahrungen sammeln.

Das gilt besonders, wenn im zweiten Takt nach dem entspannten Erlernen der langsam-ausdrucksvollen Tritte über die Aktivierung der Hinterhand die notwendige Versammlung hergestellt wird. Bei dieser Aufteilung werden unnötige Streßsituationen vermieden.

Lustianohengst Girassol unter Ruth Giffels in der Passage in den Herrenhäuser Gärten Hannover

Auch die Arbeit am langen Zügel kann die Reiterei sinnvoll ergänzen und verfeinern. Ältere Pferde, die nicht mehr voll belastbar sind, bleiben durch die Versammlung ohne Reitergewicht länger fit. Das persönliche Verhältnis zwischen Ausbilder und Pferd kann optimiert werden, weil dem Ausbilder keine Zwangsmöglichkeiten zur Verfügung stehen und er sich aktiv darum bemühen muß, das Pferd für eine freiwillige Mitarbeit zu motivieren. Damit ist eine hervorragende Gefühlsschulung verbunden. Insbesondere erlebt man die isolierte Wirkung der Zügelhilfen, ohne daß sie durch Schenkel- oder Gewichtshilfen modifiziert wird. Ziel der Arbeit am langen Zügel ist, alle Gänge und Touren der Hohen Schule in Folge zeigen zu können. Dagegen bleiben die Arbeit an der Doppellonge als vertrauens- und gehorsamsbildende Maßnahme für junge Pferde und das Fahren vom Boden hier außer Betracht. Man sollte sich durch die Faszination der Doppellonge und des langen Zügels jedenfalls nicht davon ablenken lassen, reell reiten zu lernen.

Arbeit am langen Zügel

Ausrüstung und Hilfsmittel

Wer ein Pferd am langen Zügel auf möglichst feine Hilfen abstimmen will, sollte – wie es in der Spanischen Reitschule Wien demonstriert wird – sein Pferd dazu auf Trense zäumen. Die Zügellänge soll so bemessen sein, daß sie einen gefahrlosen Seitenwechsel des Ausbilders hinter dem Pferd ermöglicht, andererseits aber nicht unnötig viel Material in der Hand gehalten werden muß. Man sollte regelmäßig weder ausbinden noch die Zügel durch Ringe eines Longiergurtes laufen lassen.

Für die Arbeit am langen Zügel gezäumtes Pferd

Dieser Verzicht auf die zusätzlichen Hilfsmittel erfordert ein erhöhtes Maß an Geschicklichkeit des Ausbilders, eröffnet aber größere Gestaltungsmöglichkeiten beim Einsatz der Zügelhilfen.

Unter Sicherheitsaspekten sollte die Arbeit am langen Zügel nur mit fortgeschrittenen, ausgeglichenen Pferden mit gut ausgebildeter Versammlungsfähigkeit durchgeführt werden.

Nicht geeignet sind Pferde, die nach der Gerte schlagen.

Die Gerte sollte nur so beweglich sein, daß ihr Einsatz am Pferd genau bestimmbar ist. Keinesfalls sollte das Pferd zum Ausschlagen provoziert werden, wie es z. B. durch Touchieren an der Kruppe passieren kann.

Generell sollte man so am Pferd gehen, daß man nicht durch unerwartetes Zurückschlagen des Pferdes getroffen werden kann, also entweder ganz nah am Pferd oder in hinreichend großer Entfernung.

Beginn der Arbeit im Schritt

Das Pferd wird im Schritt an die neue Aufgabe gewöhnt. Dabei ist eine stetige Verbindung zwischen Hand und Pferdemaul herzustellen. Das mag einfach klingen, ist in der Praxis aber für den Ungeübten eine große Anforderung: Wer intensiv sein Pferd in der Bewegung beobachtet, neigt dazu, seine innere Schulter und damit die innere Hand gegen die Bewegungsrichtung zu sehr vorzubringen. Dadurch wird der innere Zügel unzweckmäßigerweise so verlängert, daß er nicht mehr ansteht, sondern durchhängt. Viele Pferde bekommen Angst vor den

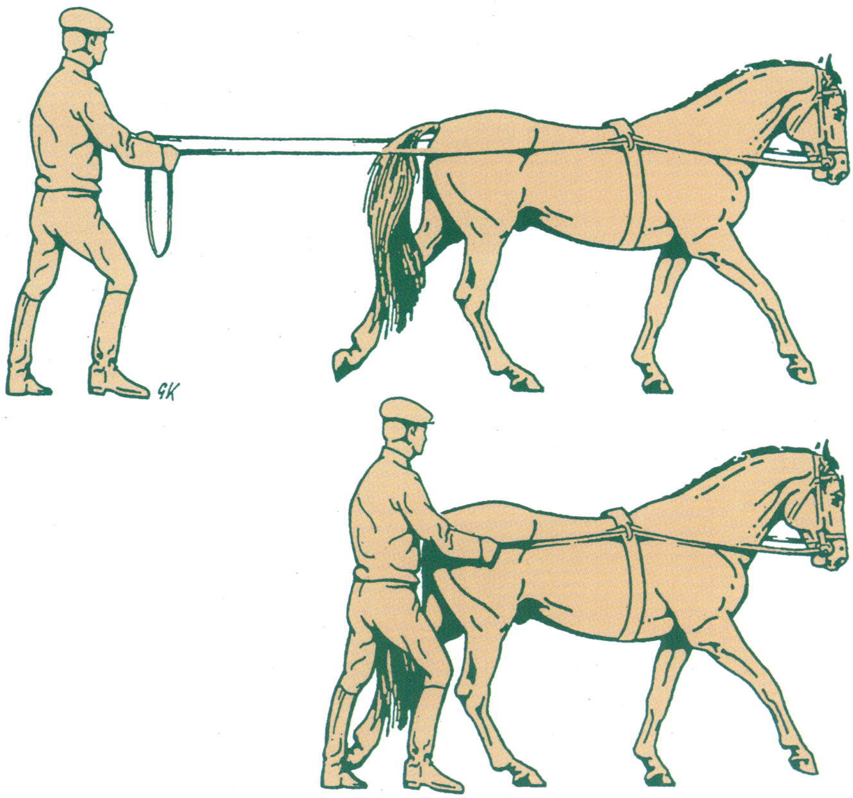

Unterschiedliche Möglichkeiten, das Pferd am langen Zügel zu führen. Oben: Mit großem Abstand, so daß man vom Pferd nicht geschlagen werden kann. Unten: Dicht neben der Kruppe des Pferdes.

ungewollten Arrêts, die sich in der Folge aus der Nickbewegung des Pferdekopfes ergeben, und verhalten sich. Schwere Harmoniestörungen sind programmiert.

Sie sind nur zu vermeiden, wenn das Pferd in eine feste Anlehnung am inneren Zügel hineingetrieben wird.

Richtungsänderungen

Wendungen sind körpersprachlich vorzubereiten. Dazu ist das Ziel anzusehen und damit dem Pferd die gewünschte Bewegungsrichtung zu signalisieren. Die gleichmäßige Anlehnung des Pferdes bleibt nur erhalten, wenn der Ausbilder seinen Körper in den Wendungen in die Bewegungsrichtung dreht. Dadurch leitet man die Richtungsänderung des Pferdes ein. Bleibt man mit der äußeren Körperhälfte hinter der Bewegungsrichtung zurück, bringt das Harmoniestörungen mit sich. Hilfreich ist es, stets das jeweilige Ziel der Bewegungsrichtung anzusehen und seinen Körper der Blickwendung folgen zu lassen. Man begleitet das Pferd mit gleichmäßigen, langen, ruhigen Schritten neben der Kruppe. Bei vorgeschobener Mittelpositur ist der Oberkörper senkrecht zu halten.

Um eine ruhige Zügelführung zu gewährleisten, empfiehlt es sich anfangs, die Hände an das Pferd zu legen. Bewährt hat es sich, sie rechts und links von der Wirbelsäule auf die Kruppe zu stützen. Diese Führung ist zwar nicht elegant, vermittelt aber dem Ungeübten und seinem Pferd zunächst einmal ein Gefühl der Sicherheit.

Wenn ein deutliches Verkürzen der Zügel notwendig wird, sollte es mit ruhigen, runden Bewegungen vorgenommen werden. Nur wenn man dabei die Hände entspannt, kann man der

Die Arbeit am langen Zügel beginnt im Schritt

Gefahr entgehen, beim Korrigieren des Zügelmaßes ungewollt Paraden zu geben, die zu Mißverständnissen zwischen Mensch und Pferd führen können.

Wechselt der Ausbilder bei Richtungsänderungen die Seite, an der er am Pferd mitgeht, dürfen dadurch das Tempo und der Raumgewinn der Bewegung nicht gestört werden. Während des Seitenwechsels darf man nicht auf den Boden sehen und damit die Position des Oberkörpers verändern, weil sonst das Gefühl für das gleichmäßige Gangmaß gestört wird.

Richtungsänderungen mit Seitenwechsel sollte man im Schritt so lange üben, bis sie keinerlei Schwierigkeiten mehr machen; andernfalls wird man diese Aufgabe später in den schwungvolleren Gangarten Trab und Galopp ohne Harmoniestörungen nicht bewältigen. Seitengänge können am langen Zügel in allen drei Grundgangarten ausgeführt werden. Im Schritt sollte man damit aber erst beginnen, wenn das Pferd im Trab geradeaus einen gewissen Vorwärtsschwung entwickelt hat.

▸ Übergang in den Trab

Lange Schrittphasen langweilen das Pferd und lassen es unaufmerksam gegenüber den Hilfen des Ausbilders werden. Schon bald sollte deshalb angetrabt werden. Der Ausbilder muß souverän mitgehen und darf sich nicht im Zügel hängend vorwärts mitschleifen lassen.Bei den ersten Versuchen sollte man deshalb bewußt mit dem Absatz auftreten. Damit wird die Stabilität der senkrechten Körperhaltung begünstigt. Der Bauch darf nicht eingezogen werden. Andernfalls kann der Ausbilder seine Schrittlänge und die Einwirkung mit den Händen nicht mehr genau bestimmen.

Nur ein souveränes Mitgehen ermöglicht es, das Tempo des Pferdes genau zu bestimmen. Bereits unter dem Reiter sollte die Versammlungsfähigkeit so ausgebildet sein, daß der stark versammelte Trab (Schultrab) auch am langen Zügel keine Schwierigkeiten bereitet.

▸ Aspekte der Zügelführung

Eine höher gestellte Hand wirkt vermehrt nach oben auf die Lefzen des Pferdes ein und wird stärker respektiert als eine tiefer gestellte Hand, die in erster Linie auf Zunge und Kinnladen des

Pferdes wirkt. Wendungen kann man sich daher erleichtern, indem man die innere Hand etwas höher stellt als die äußere. Das wirkt sich besonders deutlich in den schwungvolleren Gangarten Trab und Galopp aus.

Schwierigkeiten gibt es bei Wendungen regelmäßig dann, wenn die innere Hand im Verhältnis zur äußeren zu tief gestellt wird: Viele Pferd brechen dann nach außen aus und die Wendung wird unkalkulierbar größer als beabsichtigt. Dieser Effekt kann auch dann eintreten, wenn in der Wendung der innere Zügel fest ansteht und der äußere Zügel auf Wackelkontakt schlackert: Das Pferd folgt dann den ungewollten Arrêts aus dem durchhängenden Zügel.

▸ Schulterherein

Ob die ersten Versuche im Schritt oder Trab stattfinden, sollte von den Eigenschaften des Pferdes abhängig gemacht werden. Ein Pferd, das sich im Schritt verhält und Schwierigkeiten im Hinblick auf eine gleichmäßige Anlehnung bietet, sollte im Trab in schwungvoller Aktion in die Hand getrieben werden. Diese Gangart sollte dann auch für das Schulterherein genutzt werden.

In den Seitengängen kann der Zügel auch seitwärts drückend eingesetzt werden. Basislektion ist auch am langen Zügel das Schulterherein. Bevor man damit beginnt, sollte man an der Hand und unter dem Reiter herausgefunden haben, ob das Schulterherein rechts oder links für das Pferd leichter auszuführen ist. Für eine positive Arbeitsatmosphäre ist es unbedingt erforderlich, mit der Seite zu beginnen, die dem Pferd angenehmer ist.

Ein Pferd, das sich im Schritt verhält und Schwierigkeiten im Hinblick auf eine gleichmäßige Anlehnung bietet, sollte im Trab in schwungvoller Aktion in die Hand getrieben werden. Diese Gangart sollte dann auch für das Schulterherein genutzt werden.

Neigt ein Pferd dazu, gegen die Hand zu stürmen und feine Paraden nicht zu respektieren, sollte mit dem Schulterherein im Schritt begonnen werden. Am einfachsten ist die Übung mit an der Kruppe angelegten, breit geführten Händen auszuführen.

Am Anfang der langen Seite führt man durch eine Vibration am inneren Zügel die Vorhand nach innen auf den zweiten Hufschlag. Folgt das Pferd der Hilfe, so verhindert man durch eine Parade am äußeren Zügel, daß das Pferd mit der Hinterhand den Hufschlag verläßt und in die Bahn läuft. Ein leichter Druck mit der inneren Hand gegen die Kruppe des Pferdes bewirkt die Seitwärtsbewegung. Vorwärtsschwung und die Seitwärtstendenz können mit der Gerte erhalten und verstärkt werden.

Manche Pferde neigen dazu, sich in der Seitwärtsbewegung zu erschöpfen und den Vorwärtsschwung zu verlieren. Bei ihnen ist es vorteilhaft, mit der Gerte in der äußeren Hand das äußere

Souveränes Gehen mit langen ruhigen Schritten ist am langen Zügel unerläßlich.

Sprunggelenk des Pferdes von hinten zu berühren: Für den Bewegungsfluß ist das raumgreifende, energische Vorziehen des äußeren Hinterfußes wichtiger, als mancher Theoretiker glauben mag!

Bietet der Vorwärtsschwung keine Probleme, statt dessen aber eine zu geringe seitliche Abstellung des Pferdes, so sollte die Gerte an der inneren Seite des Pferdes – in der inneren Hand gehalten – weich seitwärts drückend eingesetzt werden. Reicht es dazu nicht aus, die Gerte senkrecht zu führen, kann sie übergangsweise auch waagerecht eingesetzt werden.

Das Pferd darf aber nicht provoziert werden, sich gegen die Gerte zu werfen! Wenn es der seitwärts treibenden Gerte nicht hinreichend ausweicht, sollte man kurz auf die vorbereitenden Übungen an der Hand zurückkommen. Erst wenn sie auf feine Hilfen gelingen, kann das Schulterherein wieder am langen Zügel verlangt werden.

Über einen längeren Zeitraum sollte das Schulterherein am Ende der langen Seite abgeschlossen werden, ohne daß die Vorhand aktiv auf den ersten Hufschlag zurückgeführt wird. Beendet man das Schulterherein erst in dem Moment, in dem die Vorhand den ersten Hufschlag der kurzen Seite erreicht, so wird eine aktiv-bremsende Handeinwirkung zum Geraderichten verzichtbar, die ein vermehrtes Nachtreiben erforderlich machen würde.

Ausnahmsweise kann die Gerte auch seitwärts treibend eingesetzt werden.

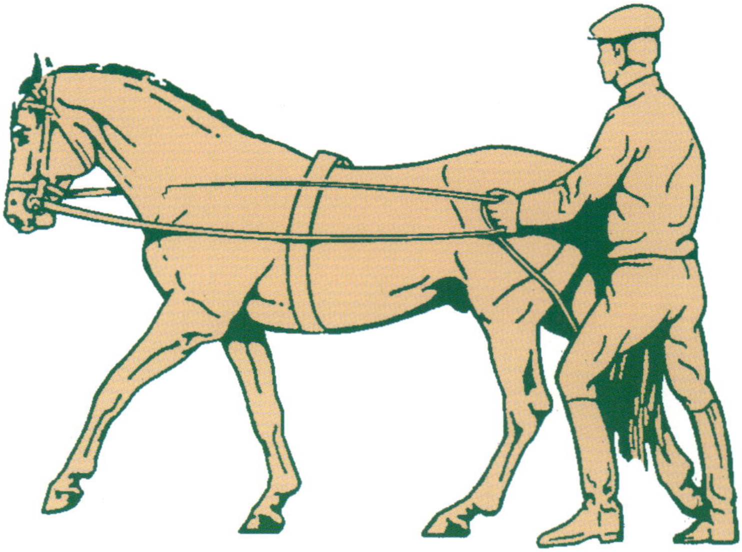

Auch am langen Zügel muß die Feinabstimmung in den ersten Übungsstunden beginnen, wenn das Pferd nicht abgestumpft werden soll. Andernfalls riskiert man, daß das Pferd auf die Hilfen gar nicht reagiert und bei schärferer Einwirkung revoltiert.

Konterschulterherein

KONTERSCHULTERHEREIN

Wer bei der hier beschriebenen Art und Weise Schwierigkeiten mit dem Schulterherein hat, kann als einfachere Vorstufe zunächst Konterschulterherein üben.

Bei den ersten Versuchen sollte man dazu schon an der kurzen Seite den Platz an der Kruppe des Pferdes wechseln und an dessen äußerer Seite mitgehen. Vor Erreichen der langen Seite kann dann die Hinterhand leicht nach innen auf den zweiten Hufschlag gedrückt werden, während die Vorhand auf dem Hufschlag bleibt. Bei dieser Übung kann man sich vermehrt auf die treibenden Hilfen konzentrieren, während die optische Bremswirkung der Bande verhindert, daß das Pferd zu sehr vorwärts stürmt.

▸ Zügelführung nach Wiener Art

In der Beschreibung des Schulterhereins ist bis jetzt davon ausgegangen worden, daß bei fester Zügelführung beide Hände rechts und links der Kruppe abgelegt werden.

Für den versierten Ausbilder gibt es auch andere Möglichkeiten der Zügelführung. Hier ist besonders die an der Spanischen Reitschule Wien übliche Führung zu erwähnen, die mit gutem Erfolg auch von den Schulen der Reitkunst in Jerez de la Frontera (Spanien) und Lissabon-Queluz (Portugal) übernommen worden ist.

Außer in den Lektionen Piaffe, Passage und fliegenden Galoppwechseln nach bestimmter Sprungzahl geht dabei der Ausbilder mit eng nebeneinander gestellten Händen in Reitposition seitlich an der Kruppe des Pferdes mit. Diese Führung wirkt sehr elegant und stellt höhere Anforderungen an die Geschicklichkeit des Ausbilders:

Der Zügel der Seite, an der der Ausbilder mitgeht, läuft in gerader Linie vom Pferdemaul zur Hand des Ausbilders. Der andere Zügel läuft vom Pferdemaul über den Widerrist in die dem Pferd zugekehrte Hand. Dieser Zügel wirkt – abhängig von der Größe des Pferdes – deutlich mehr nach oben und damit schärfer auf das Pferdemaul als der andere, der nicht über den Widerrist läuft.

In bestimmten Situationen, zum Beispiel Traverslektionen und Pirouetten, kann sich der Effekt der einseitig höheren Führung sehr positiv auswirken, während im Schulterherein, wenn man innen mitgeht, das Pferd bei nicht permanent gut anstehendem inneren Zügel regelmäßig Renverstendenz bekommt.

Steht dabei noch der äußere, höher geführte Zügel dauerhaft zu fest an, neigen viele Pferde dazu, das innere Ohr tiefer zu stellen.

Diese Zusammenhänge sollten berücksichtigt werden, wenn man nach Wiener Art am langen Zügel führen möchte.

Enge Zügelführung nach Wiener Art: Die Hände werden wie beim Reiten nebeneinander geführt.

▸ Traverslektionen

Bevor man mit den Traverslektionen beginnt, sollte das Pferd Schulterherein im Schritt und Trab auf leichteste Hilfen ausführen. Wenn diese Voraussetzung gegeben ist, kann man entweder im Schritt oder im Trab am Hufschlag mit Travers, auch als Kruppeherein bezeichnet, beginnen.

Dazu geht man an der kurzen Seite bereits außen an der Kruppe des Pferdes mit und führt dabei die Zügel nach Wiener Art. Kurz vor Erreichen der langen Seite drückt man mit der dem Pferd zugewandten Hand bei verstärktem Annehmen des (inneren) Zügels die Kruppe auf den zweiten Hufschlag.

Dabei ist darauf zu achten, daß dieser Zügel tief genug – deutlich unterhalb der Hüftknochen des Pferdes – in der Hand geführt wird. In dieser Position kann man sie durch variablen Druck besonders wirksam seitwärts treibend einsetzen, wenn das Pferd bereits in der Arbeit am kurzen Zügel der Gerte auf Kniegelenkshöhe auszuweichen gelernt hat.

Paraden am äußeren Zügel sorgen dafür, daß die Vorderbeine auf dem Hufschlag bleiben.

Besonderer Wert ist auf eine gleichmäßige Kopfstellung und Biegung des Pferdes in Gangrichtung zu legen, während das seitliche Übertreten bei der beschriebenen Vorbereitung regelmäßig unproblematisch ist und deutliche Hilfen dazu nicht erforderlich sind.

Diesen Zusammenhang sollte sich der Ungeübte klarmachen, um eine übertriebene Seitwärtstendenz des Pferdes zu vermeiden. Wenn das Pferd selbst auf leichteste seitwärts treibende Hilfen überraschend schnell nach Art einer Vorhandwendung ausweicht und sich plötzlich Mensch und Pferd Auge in Auge gegenüberstehen, sollte man, nachdem man den Platz an der Kruppe des Pferdes wieder eingenommen hat, Travers zunächst mit breiter Führung einleiten, also die Hände rechts und links an der Kruppe ablegen. So fällt es leichter, das Pferd vor sich zu behalten und zu verhindern, daß es sich zum Menschen umdreht.

Eine weitere Schwierigkeit kann darin bestehen, das Pferd genau mit den Vorderbeinen auf dem Hufschlag gehen zu lassen und zu verhindern, daß es ohne Aufforderung ins Innere der Bahn abwendet. Um dies zu verhindern, müssen ruckartige Einwirkungen am inneren Zügel unterbleiben, denen das Pferd durch eine Richtungsänderung folgen würde.

Ungewollte Rucks lassen sich am leichtesten durch eine festere Anlehnung verhindern. Sie soll so lange beibehalten werden, bis Mensch und Pferd am langen Zügel hinreichend routiniert sind.

Schon bei den ersten Versuchen schwieriger Lektionen am langen Zügel sollte man bestrebt sein, Sicherheit auszustrahlen. Dazu gehört, daß man kontrolliert tief atmet. Es sollte ruhig und gleichmäßig durch die Nase ein- und durch den Mund ausgeatmet werden.

Hektische Bewegungen bei unerwarteten Reaktionen des Pferdes sind zu vermeiden. Andernfalls könnte das Pferd nervös werden und nach dem Menschen schlagen.

▶ Traversalen

Gelingt der Travers auf dem Hufschlag, kann man mit Traversalen auf der Diagonalen durch die ganze Bahn beginnen. Auch bei der Bestimmung dieser Bewegung gilt:

Richtung vor Seitengang!

Rechtstraversale im Trab am langen Zügel: Stellung und Biegung werden durch die Wiener Führung begünstigt.

Wer die Bewegungsrichtung im wahrsten Sinne des Wortes aus den Augen verliert, wird sein Ziel nicht erreichen.

Wenn man in der Traversale die Zügel nach Wiener Art

Rechte Seite: Lusitanohengst Girassol in der Piaffe am langen Zügel in den Herrenhäuser Gärten Hannover

führt, also die Hände in Reitposition und an der äußeren Kruppenseite des Pferdes mitgehend, kann man mit der inneren, dem Pferd zugekehrten Hand das Pferd seitwärts drücken. Der innere Zügel, der vom Widerrist über den Pferderücken zur äußeren Kruppenseite verläuft, verstärkt diesen Effekt und sorgt für deutliche Innenstellung. Wenn sie hergestellt ist, sollte der Kontakt an diesem Zügel minimiert werden, damit das Pferd das innere Ohr nicht höher trägt als das äußere.

Bei den ersten Traversalen kann es passieren, daß das Pferd nicht genügend vorwärts zieht, sondern mehr als gewollt seitwärts abdriftet. Das kann man verhindern, indem man weiter hinten am Pferd mitgeht, falls nötig auch mit breiter Führung hinter dem Pferd.

Wenn diese Anfangsschwierigkeiten behoben sind, können auch Zickzacktraversalen am langen Zügel gezeigt werden. Richtig ausgeführt haben sie wie unter dem Reiter gleichzeitig lösende und versammelnde Wirkung sowie einen guten Showeffekt.

Linkstraversale im Trab am langen Zügel: Der Ausbilder beobachtet die Vorderbeine des Pferdes und kann daraus Schlüsse auf die Ausführung der Lektion ziehen.

Einwirkungsmöglichkeiten mit dem Schlaufzügel als Führzügel: den Pferdekopf primär beizäumend (oben) oder seitlich stellend (unten)

▸ Piaffe

Ausgeprägte Versammlungsfähigkeit ist Voraussetzung für den Galopp am langen Zügel. Sie kann in der Piaffe trainiert werden. Vorteilhaft ist es, wenn die Piaffe wie bereits beschrieben an der Hand und unter dem Reiter entwickelt worden ist, bevor damit am langen Zügel begonnen wird. Es gibt allerdings auch Pferde, die am langen Zügel die Piaffe leichter lernen als an der Hand. Wer das versuchen will, sollte stets so am Pferd mitgehen, daß er nicht geschlagen werden kann.

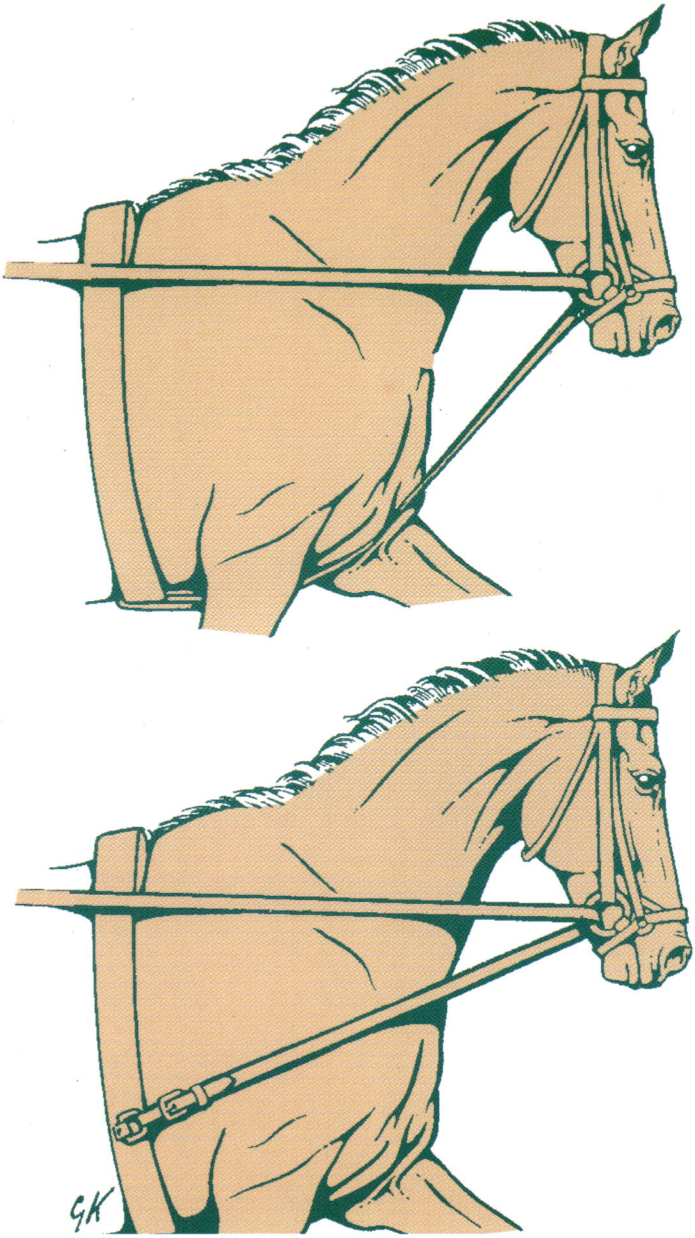

Besonders vorteilhaft ist, daß man am langen Zügel bei Piaffe-Trab-Piaffe-Übergängen den Raumgewinn der Bewegung stufenlos regulieren kann.

In der Piaffe selbst ist das Mitgehen in kleinen, gleichmäßigen Schritten erforderlich, weil nur so das Gleichmaß der Bewegung des Pferdes erreicht werden kann. Viele Menschen müssen das Gefühl für das Gehen in kleinen Schritten längere Zeit bewußt trainieren: Ungewollt sprunghafte Bewegungen des Pferdes stellen sich ein, wenn der Ausbilder unverhältnismäßig große Schritte macht, zwischen denen er jeweils bewegungslos stehen bleibt. Vermeiden muß er andererseits, mit gebeugten Knien nervös zu trippeln. Das würde sowohl dem Pferd als auch den Zuschauern mangelnde Sou-

Mit breiter Zügelführung kann das Pferd in der Piaffe am langen Zügel geradegerichtet werden, wenn es sich einmal seitlich verlehnt hat.

veränität verraten. Ungünstig ist es auch, wenn der Ausbilder effektvollere Bewegungen zeigt als das Pferd.

Viele Pferde haben in der Piaffe am langen Zügel die Tendenz, schief zu werden und in der Folge ungleich zu treten. Dem kann man häufig schon durch eine breite Zügelführung – die Hände rechts und links an der Kruppe abgelegt – entgegenwirken.

Wenn das nicht ausreicht, um eine ungewollte Außenstellung des Pferdes zu verhindern, kann übergangsweise der innere Zügel als seitlich an einem Longiergurt eingeschnallter Schlaufzügel eingesetzt werden. Ist das Pferd daran gewöhnt, sich in der Kopfstellung genau bestimmen zu lassen, wird der Einsatz des Schlaufzügels überflüssig.

Wenn das Pferd zwanglos und entspannt Piaffe-Trab-Piaffe-Übergänge ausführt, ist zu erwarten, daß es auch für den stark versammelten Galopp am langen Zügel geschickt genug ist. Es sollte dafür allerdings bereits unter dem Reiter hinreichend vorbereitet sein und gelernt haben, auf einen Arrêt am äußeren Zügel anzugaloppieren, und zwar in Verbindung mit einem doppelten Zungenschnalzer.

Galopp am langen Zügel

Bei dieser Anforderung zahlt sich aus, wenn das Pferd bereits in der Grundausbildung an der Longe dazu gebracht worden ist, auf ein verbales Kommando oder einen doppelten Zungenschnalzer reflexartig in den Galopp einzuspringen. Dabei muß der Moment des Einspringens genau bestimmbar sein. Die Präzision wird erhöht, wenn das Pferd an der Longe und unter dem Reiter auch daran gewöhnt ist, als Reaktion auf einen Arrêt anzugaloppieren.

Galopp am langen Zügel: Der Ausbilder geht außen am Pferd.

Bei einer solchen Vorbereitung wird das Pferd auf die beschriebenen, gleichzeitig eingesetzten Hilfen aus dem Schritt oder dem verkürzten Trab angaloppieren und sich einige Sprünge in dieser Gangart halten.

Wichtig: Zügig mitgehen und das Pferd auch nach dem kleinsten Ansatz in der dritten Gangart loben und belohnen!

Auch hier empfiehlt es sich, differenziert vorzugehen: Ein langezogenes „braaav" führt sofort zum Abbruch der Übung und sollte deshalb vermieden werden. Vielmehr sollte so gelobt werden, daß das Pferd möglichst lange in der neuen Gangart bleibt.

Keine Zwangsmittel einsetzen, wenn das Pferd schon nach wenigen Sprüngen aus dem versammelten Galopp in den Trab ausfällt! Statt dessen Zufriedenheit demonstrieren, daß das Pferd überhaupt in den Galopp eingesprungen ist, Ruhe ausstrahlen und nach einer Pause das Pferd erneut angaloppieren lassen!

Dazu ist es besonders wichtig, daß der Ausbilder auch bei schnellerem Mitgehen geregelt durch die Nase ein- und durch den Mund ausatmet. Bei diesen ersten Versuchen empfiehlt es sich, mit breiter Führung an der Innenseite des Pferdes zu gehen. Auf diese Weise hat der Ausbilder in den Wendungen den kürzeren und das Pferd den längeren Weg, und der noch notwendige, größere Raumgewinn des Pferdes ist besser zu bewältigen.

Auch am langen Zügel sollte zunächst auf der Hand galoppiert werden, auf der sich geringere Schwierigkeiten ergeben als auf der anderen. Erst wenn auf der angenehmeren Hand ein ruhiger, ausdrucksvoller Schulgalopp gelingt, sollte mit der schwierigeren Seite begonnen werden.

Wenn die Anfangsschwierigkeiten behoben sind und das Pferd auf beiden Händen gesetzt galoppiert, kann mit der engen Zügelführung nach Wiener Art begonnen werden, bei der man in dieser Gangart außen an der Kruppe des Pferdes mitgeht. So kann die Innenstellung des Pferdes gefördert werden, weil der innere Zügel höher und schärfer einwirkt als der äußere.

Eine gute, stetige Anlehnung an dieser Seite verhindert, daß das Pferd Arrêts bekommt, denen es durch Abwenden ins Innere der Bahn hinein folgen würde. Falls das Pferd auch bei guter Anlehnung am inneren Zügel die Tendenz hat, nach innen abzuwenden, kann ihr durch Arrêts am äußeren Zügel entgegengewirkt werden.

Sollte das Pferd sich auf gerader Linie ungewollt traversartig schief stellen, kann es durch Touchieren des äußeren Hinterbei-

Galopptraversale am langen Zügel

nes mit der Gerte – von oben nach unten auf das Sprunggelenk in Verbindung mit gut anstehendem innerem – und arretierendem äußerem Zügel geradegerichtet werden.

GALOPPTRAVERSALEN UND PIROUETTEN

Mit der Führung nach Wiener Art können Galopptraversalen relativ leicht entwickelt werden, weil mit ihr die Traversstellung des Pferdes begünstigt wird. Das gilt auch für Pirouetten im Galopp, die aus der Traversale durch weiche Zügelhilfen zum Einfangen des Vorwärtsschwunges bei seitwärts treibenden Hilfen an der äußeren Pferdeseite problemlos eingeleitet werden können.

Es empfiehlt sich, dazu ein Kommando zu geben, auf das sich die meisten Pferde innerhalb kürzester Zeit einstellen. Der äußere Zügel kann dabei so vibrierend eingesetzt werden, daß das Pferd ihm seitwärts ausweicht. Durch wohldosiertes Annehmen des inneren Zügels kann der innere Hinterfuß des Pferdes fixiert werden, ohne daß die Fußfolge der Galoppsprünge gestört wird.

Der Ausbilder darf auch bei dieser Übung das Ziel der Bewegungsrichtung nicht aus den Augen verlieren und muß dem Pferd nach einer gelungenen Einleitung der Pirouette rechtzeitig durch vermehrtes Vortreiben (weit genug hinter dem Pferd) genau signalisieren, wann das Pferd aus der Pirouette heraus die Traversale fortsetzen soll.

„Der fliegende Galoppwechsel ist das Angaloppieren aus dem Galopp."

Nuno Oliveira

FLIEGENDE GALOPPWECHSEL

Auch für die fliegenden Galoppwechsel am langen Zügel ist es vorteilhaft, wenn das Pferd sie bereits unter dem Reiter problemlos ausführt. Man kann z. B. aus dem Zirkel wechseln und in Verbindung mit dem Positionswechsel am Pferd (auf die neue Außenseite) die Stellung und Biegung des Pferdes für den Galopp, in den das Pferd wechseln soll, vorbereiten. Jetzt zahlt sich aus, wenn das Pferd mit genauen, nicht übertriebenen Stimmhilfen trainiert wird: So kann ein einziger Zungenschnalzer in Verbindung mit einem leichten, freundlichen Arrêt den Galoppwechsel bewirken.

Gerade unter Sicherheitsaspekten sollte man sich bei diesen Übungen um besonders sparsame Hilfen bemühen, damit das Pferd ruhig bleibt und nicht aus Aufregung zurückschlägt.

Starkes Nachtreiben ist besonders gefährlich, wenn das Pferd hinter dem Zügel geht und damit die Vorhand stark be- und die Hinterhand entlastet ist.

Fliegende Galoppwechsel sollten nicht angestrebt werden, wenn das Pferd mit aufwärts schlagender Kruppe galoppiert, weil dann der kleinste treibende Impuls zum Ausschlagen führen kann. Auch deshalb sollte der Ausbilder stets die Oberlinie des Pferdes beobachten und daraus Schlüsse auf die Bewegung ziehen. Wer statt dessen die Pferdebeine beobachtet, riskiert Störungen des Bewegungsflusses, der gerade bei fliegenden Galoppwechseln besonders wichtig ist.

Ob und wie schnell man dem Pferd fliegende Galoppwechsel nach bestimmter Sprungzahl am langen Zügel abverlangen kann, hängt ganz wesentlich von der Qualität der Vorbereitung ab. Wenn das Pferd auf den Punkt genau auf einen leichten, annähernd unsichtbaren Arrêt am äußeren Zügel verbunden mit einer Stimmhilfe angaloppiert und nach diesem Prinzip auch fliegend wechselt, kann man an der langen Seite das Pferd nach außen und dann wieder nach innen changieren lassen, zunächst mit einem Positionswechsel an der Kruppe des Pferdes.

Wenn das Pferd die Aufgabe verstanden hat und willig mitarbeitet, können die Wechselhilfen bei breiter Führung – die Hände an der Kruppe des Pferdes abgelegt – auch ohne Positionswechsel des Ausbilders gegeben werden. Deutlich loben und belohnen, wenn das Pferd die gewünschte Reaktion zeigt!

Bleibt sie aus, ist die Ursache herauszufinden.

Oft verhindert eine Traverstendenz in dem Galopp, aus dem heraus der Wechsel ausgeführt werden soll, daß das Pferd freudig umspringt. Drückt man dagegen bereits vor dem Fußwechsel die Kruppe auch nur andeutungsweise ganz leicht auf die neue innere Seite, kann die freiwillige Mitarbeit des Pferdes erheblich gefördert werden.

Wenn das Pferd ohne Positionswechsel des Ausbilders an der langen Seite willig exakt auf die Hilfen nach außen und nach innen changiert, ist es bis zur Ausführung von Serienwechseln nicht mehr weit. Das Pferd sollte sich dabei darauf einstellen können, nach wie vielen Galoppsprüngen der nächste Wechsel gefordert wird, damit übereifriges, unkontrollierbares Changieren vermieden wird.

Galopp-Pirouette am langen Zügel: Der Ausbilder muß zügig mitgehen, wenn der Schwung erhalten bleiben soll.

Spanischer Schritt am langen Zügel: Christina Wolf mit dem Lusitanohengst Girassol

Will man schließlich fliegende Wechsel nach unterschiedlicher Sprungzahl entwickeln, so kann es für das Pferd eine Hilfe sein, wenn der Ausbilder z. B. für die Galoppwechsel nach jedem zweiten Galoppsprung an der linken Kruppenseite des Pferdes mitgeht, für die fliegenden Galoppwechsel von Sprung zu Sprung an der rechten.

▸ Passage und Spanischer Schritt

Auch andere Schullektionen, neben Piaffe z. B. Passage und Spanischer Schritt, können am langen Zügel gezeigt werden. Im Regelfall beginnt man mit der Passage am langen Zügel erst, wenn das Pferd diese Lektion unter dem Reiter zuverlässig ausführt. Übergänge Passage – starker Trab fördern den Vorwärtsschwung des Pferdes, und in Erwartung dieses Übergangs zeigt das Pferd in der Passage ausdrucksvollere Bewegungen, als wenn man auf ihn verzichtet.

Da die Arbeit am langen Zügel nicht Laufsport für den Ausbilder, sondern Präsentationsmittel für ein dressurmäßig ausgebildetes Pferd mit hervorragender Versammlungsfähigkeit ist, muß man erreichen, daß die ausdrucksvolle Passage unter dem

Reiter bereits selbstverständlich ist, wenn man sie auch am langen Zügel zeigen will.

Es werden die gleichen Stimm- und Handhilfen eingesetzt wie mit aufgesessenem Reiter: Jetzt zahlt es sich aus, wenn man das Pferd daran gewöhnt hat, auf weiches rhythmisches Schnalzen im angemessenem Tempo bei deutlicher, vertrauensvoll akzeptierter Zügelverbindung von Hand und Pferdemaul in die Passage einzutreten.

Die Motivation des Pferdes wird erleichtert, wenn man die gewünschte Gangart aus einer anstrengenden Lektion entwickelt, z. B. dem fleißigen Trab im Seitengang oder einer ausdrucksvollen Piaffe.

Wenn das Pferd merkt, daß die neue Anforderung weniger anstrengend ist, wird es ihr willig nachkommen.

Auch hier ist bei den ersten Ansätzen nicht die perfekte Ausführung zu erwarten, sondern das Pferd schon zu loben, wenn es auch nur einige leicht verzögerte schwingende Tritte

Passage am langen Zügel: Das Absetzen der Füße des Ausbilders zwischen den Hinterbeinen des Pferdes erhöht das Sicherheitsrisiko und wird nicht zur Nachahmung empfohlen.

zeigt. Wenn das Pferd verstanden hat, was von ihm verlangt wird, kann man die Passagereprisen schon bald verlängern.

Bei Pferden, die die Passage mit Touchieren der Gerte an den Vorderbeinen gelernt haben, kann man diese Mittel auch am langen Zügel einsetzen, allerdings so behutsam, daß das Pferd auf keinen Fall unter zu große Spannung gerät und dadurch zum Ausschlagen mit den Hinterbeinen provoziert wird. Der Ausbilder darf sich auch hier nicht auf die Vorderbeinaktion konzentrieren, weil er sonst durch ungleiches Mitgehen störend wirkt.

Im Training sollte das Thema Passage regelmäßig abgeschlossen werden, nachdem besonders ausdrucksvolle Tritte gelungen sind. Erkennt das Pferd diesen Zusammenhang, kann sich das günstig auf den Arbeitseifer auswirken.

Eine guten Showeffekt kann auch der Spanische Schritt am langen Zügel haben. Ist das Pferd auf die Lektion bereits an der Hand und unter dem Reiter vorbereitet, ist sie auch am langen Zügel mit keinem besonderen Schwierigkeiten verbunden, wenn die Prinzipien beachtet werden, auf die schon im Zusammenhang mit der Passage hingewiesen wurde. Allerdings sollte man gerade bei der Passage und beim Spanischen Schritt bemüht sein, die Handhilfen immer weiter zu minimieren, damit sie nicht zu einem unerwünschten Blickfang werden.

Spanischer Schritt mit Pferd und Hund: Nicht nur Pferde lassen sich zum Spanischen Schritt motivieren!

Ideale Ausführung der Passage am langen Zügel

Gewarnt sei davor, den Spanischen Schritt am langen Zügel zu früh zu verlangen. Ist der Vorwärtsschwung des Pferdes auch in schwierigen Lektionen nicht absolut sicher, so ist damit zu rechnen, daß das Pferd sich immer in diese Gangart entzieht, wenn es unsicher wird, was von ihm verlangt wird oder wenn es sich überfordert fühlt. Diese Lektion sollte deshalb am langen Zügel auch später nicht schwerpunktmäßig gedrillt werden, sondern muß sich – nach der bereits beschriebenen Vorbereitung – geradezu von selbst ergeben. Auch für die Anforderungen am langen Zügel gilt der Grundsatz, daß das Pferd bereits sämtliche Schulen auf der Erde ausführen sollte, bevor mit den Schulen über der Erde begonnen wird.

Das gesamte Repertoire der Hohen Schule wird am langen Zügel nur der Ausbilder abrufen können, dem es gelingt, sein Pferd aus einer positiven Arbeitsatmosphäre heraus zu freiwilliger Mitarbeit selbst in anstrengenden Übungen zu motivieren. Für jemand, der die Arbeit am langen Zügel nicht primär als Laufsport ansieht, bleibt diese Herausforderung stets reizvoll und bewirkt ein besonders inniges Verhältnis zwischen Ausbilder und Pferd.

Die Schulen über der Erde sind Elemente der klassischen Reiterei, die ebenso wie die Lektionen des olympischen Dressurprogramms zu den natürlichen Verhaltensweisen der Pferde gehören und unter bestimmten Rahmenbedingungen auf der Weide beobachtet werden können.
Allerdings ist nicht jedes Pferd für alle Schulen über der Erde gleichermaßen talentiert. Deshalb können sie auch nicht zum Standardprogramm einer Dressurprüfung gemacht werden. Werden Pferde entsprechend ihrem Talent in Schulen über der Erde gefördert, kann damit ihre Leistungsfähigkeit erhöht werden. Unter Zwang bei mangelhaftem Talent ausgeführt wirken diese Lektionen verschleißend.

Schulen über der Erde

Geschichte

Schon im griechischen Altertum sind Schulen über der Erde zu Präsentationszwecken unter dem Reiter gezeigt und in der Kriegsreiterei zu Verteidigungszwecken ausgeführt worden. In der höfischen Reiterei des 17. und 18. Jahrhunderts sind sie als Ausdruck barocker Lebensfreude und Prachtentfaltung zu einer Kunstform weiterentwickelt worden.

Über längere Zeit waren Schulen über der Erde fast nur in den beiden großen Reitschulen in Wien und Saumur sowie bei Schülern dieser Institute und in einigen wenigen renommierten Zirkusunternehmen zu sehen. Das Interesse an diesen Übungen nimmt im Bereich der anspruchsvollen Freizeitreiterei gegenwärtig deutlich zu.

Da sie nicht nur einen spektakulären Showeffekt haben, sondern einen Beitrag zur sinnvollen Gymnastizierung des Pferdes bieten können, sollen hier einige wesentliche Gesichtspunkte erörtert werden. Diese können auch für Reiter interessant sein, die nicht das Ziel haben, selbst Schulen über der Erde zu präsentieren. Sie werden regelmäßig an der Hand entwickelt und später auch unter dem Reiter gezeigt.

Ausrüstung und Hilfsmittel

Ob das Pferd dazu ausgebunden und am Kappzaum geführt wird, oder ob auf diese Hilfsmittel verzichtet wird und das Pferd nur mit Trense oder Kandare geführt wird hängt davon ab, wie eine positive Arbeitsatmosphäre am leichtesten herzustellen ist. Regelmäßig wird das in der ersten Variante eher gelingen als in der zweiten.

Wer Schwierigkeiten hat, sein Pferd in Schulen über der Erde unter Kontrolle zu behalten, sollte schon unter Sicherheitsaspekten darauf verzichten, sie ohne einen erfahrenen Lehrer zu üben. Der folgende Abschnitt ist deshalb in erster Linie als eine Einführung in diesen Bereich der Reiterei zu verstehen und nicht als abschließende Erörterung!

Pesade

Eine Vorbereitungsübung für die Schulsprünge ist die Pesade, eine Erhebung der Vorhand, die durch vermehrte Gewichtsaufnahme der Hinterbeine in der Piaffe vorbereitet wird.

Bei eindeutiger Hilfengebung kann die Pesade auch als Mittel zum Zweck benutzt werden, den Ausdruck des Pferdes in der Piaffe zu erhöhen. Wichtig ist nur, daß der Ausbilder in der Lage ist, stets die Reaktionen des Pferdes zu bestimmen.

ENTWICKLUNG DER PESADE

Zur Vorbereitung wird das Pferd aus dem Halten in einer kurzen Piaffe-Reprise exakt auf der Stelle durch aufmunternde Zungenschnalzer in staccato (schnell aufeinanderfolgend) und einen kurzen Arrêt dazu gebracht, mit beiden Vorderbeinen gleichzeitig den Boden zu verlassen. Die Gerte wird dazu treibend an den Fesselköpfen der Hinterbeine angesetzt. Wenn das Pferd auch nur ganz leicht reagiert, ist sofort ausgiebig zu loben und zu belohnen. Die Übung sollte an diesem Tag nicht wiederholt werden.

Nicht jedes Pferd reagiert schon auf diese Hilfen wunschgemäß. Bei nervösen Pferden ist damit zu rechnen, daß sie nur schneller piaffieren, nicht aber mit den Vorderbeinen vom Boden abheben. Hier kann es sinnvoll sein, den Arrêt überraschend bereits im Halten zu geben und sofort die staccatoartigen Zungenschnalzer nachzusetzen. Manches Pferd wird sich aus der Überraschung heraus leichter heben. Schluß der Übung für diesen Tag!

Wenn auch diese Aufforderung den gewünschten Effekt nicht bewirkt, besteht die Möglichkeit, zusätzlich zu dem Arrêt aus dem Halten heraus mit einer ganz kurzen Gerte einen leich-

Friesenhengst Nardo in der Pesade in den Herrenhäuser Gärten Hannover.

Marita Dreyer mit ihrer Hannoveranerstute Tina in der Pesade an der Hand mit ausgeprägter Hankenbeugung, die der Levade nahekommt.

ten Klaps von oben auf den Widerrist anzusetzen. Alternativ kann auch eine Berührung des Pferdes mit der Gerte an der Brust oder den Vorderbeinen deren Abheben vom Boden bewirken. Meist bringt spätestens diese Maßnahme den gewünschten Erfolg. Wenn nicht: Übung beenden und an einem anderen Tag, wenn das Pferd frisch aus dem Stall kommt, wiederholen.

Wenn die gewünschte Wirkung eintritt, sollte das Pferd auf Nachtreiben an den Fesselköpfen der Hinterbeine umgestellt werden. Auch hier gilt es, reiterliche Probleme wie einen Kuchen in kleine Stücke zu schneiden und sie einzeln abzuräumen: In der Pesade soll das Pferd mit angezogenen Vorderbeinen in der Rückenlinie einen Winkel bis 45° zum Erdboden bilden. Dabei soll das Pferd anders als beim Steigen im Bereich der Hinterhand gut gewinkelt sein.

In der Ausbildung sind nicht alle Elemente gleichzeitig zu erreichen, sondern oft nur nacheinander. Das tiefere Setzen auf die Hinterhand ist erst anzustreben, wenn das Pferd verstanden hat, daß es mit den Vorderbeinen vom Boden abheben soll. Dazu wird aus einer kurzen Piaffe-Reprise -die letzten Tritte exakt auf der Stelle – zur Vorbereitung der Pesade die Gerte von der Kruppe überraschend plötzlich von oben nach unten, das Sprunggelenk berührend, zum Fesselgelenk geführt. Dieser Effekt bewirkt, daß das Pferd deutlich mit beiden Hinterfüßen unter den Schwerpunkt tritt und damit die Pesade einleitet.

Für diese ersten Ansätze sollte man sich genügend Zeit nehmen, damit das Pferd sich vermehrt in den Hanken beugt und nicht unkontrolliert zu steigen beginnt. Der Ansatz der Pesade, das kurze Abheben der Vorderbeine bei gut gesetzter Hinterhand, muß absolut kontrolliert und krampflos gelingen, bevor daran gedacht werden kann, die Vorhand länger in der Luft halten zu lassen.

Zur richtigen Vorbereitung gehört auch, daß das Pferd in der Erhebung auf keinen Fall rückwärts kriecht, weil es sich damit den Hilfen des Ausbilders entzieht. Dem kann man vorbeugen, indem man das Pferd aus der Pesade in den Schritt nach vorn entläßt. Also folgt auch hier als Abschluß der Versammlungsübung das „befreiende Vorwärts", um die Kooperationsbereitschaft des Pferdes zu erhalten.

Manche Pferde lassen die Vorderbeine in der Pesade hängen. Erwünscht ist dagegen, daß sie gut angezogen werden. In

Der differenzierte Einsatz der treibenden Hilfen ermöglicht Schulen über der Erde an der Hand ohne Bandenanlehnung. Marion Diedrich mit dem Friesenhengst Nardo in einem Moment der Capriole.

Girassol unter Ruth Giffels in der Pesade: Die Hände der Reiterin am Widerrist begünstigen eine genaue Führung.

diesem Zusammenhang ist besonders auf die Positionierung des Pferdekopfes zu achten.

Optimal angezogen werden die Vorderbeine erfahrungsgemäß dann, wenn die Stirnlinie mit der Verlängerung der Rückenlinie etwa einen rechten Winkel (90°) bildet oder etwas vor diesem gedachten Winkel bleibt.

Dagegen lassen viele Pferde die Vorderbeine hängen, die durch zu kurze Ausbindung auch in der Pesade die Stirnlinie senkrecht zum Erdboden halten müssen. Sie können die Erhebung nur mit einem Karpfenrücken ausführen, also mit einer Aufwölbung im negativen Sinne, die ein Anziehen der Vorderbeine unmöglich macht.

Viele Pferde ziehen in der Pesade die Vorderbeine ungleichmäßig hoch an. Dieser Fehler zeigt sich, wenn das Pferd beim Abheben der Vorderbeine die Hinterbeine nicht exakt nebeneinander hält, sondern einen Hinterfuß deutlich mehr in Richtung unter den Schwerpunkt gebracht hat als den anderen. Um dies zu vermeiden, wurde bereits am Anfang dieses Abschnitts darauf hingewiesen, daß die Piaffe zur Vorbereitung des Abhebens der Vorderbeine exakt auf der Stelle ausgeführt werden sollte.

Ungleich angezogene Vorderbeine sind auch dann zu erwarten, wenn das Pferd vor der Pesade nicht absolut gerade gerichtet ist. Ob das der Fall ist, ist aus der Position direkt neben dem Pferd nicht immer genau zu beurteilen. Es empfiehlt sich eine Videoüberwachung, wenn nicht ein sachverständiger Beobachter die Übung begleiten kann.

Erst wenn das Pferd bei schöner Aufrichtung und Kopfhaltung weich und ohne Hektik mit den Vorderbeinen vom Boden abhebt und ohne rückwärts zu kriechen, ebenso weich wieder landet, sollte ein längeres Aushalten – bis vier Sekunden und länger – in der Pesade verlangt werden. Dazu kann man die zur Einleitung der Pesade eingesetzten staccatoartigen Zungenschnalzer fortsetzen und gleichzeitig fein vibrierende Arrêts geben.

Bietet das Pferd ungewollt von sich aus Pesaden an, sollte zunächst überprüft werden, ob die Hilfen eindeutig sind. Insbesondere darf der Ausbilder nicht an die Pesade denken, wenn das Pferd eine andere Lektion ausführen soll. Zeigt das Pferd dennoch ungewollte Pesaden, sollte man sie ignorieren und es weich durch ausdauernde Piaffereprisen korrigieren.

Zeigt auch das keine Wirkung, kann man das Pferd in der ungewollten Pesade durch Arrêts zum übertrieben langen Aushalten in der Erhebung bringen und sie damit so anstrengend machen, daß das Pferd sie nicht von selbst wieder freiwillig anbietet.

PESADE UNTER DEM REITER

Führt das Pferd die Pesade an der Hand gut regulierbar aus, kann man einen Reiter aufsitzen lassen, der zunächst nur inaktiv ist und das Pferd nicht durch Sitzfehler stören darf. Er sollte ein Ziel auf Augenhöhe ansehen, um so auch während der Erhebung der Vorhand ein Gefühl für die senkrechte Position des Oberkörpers zu erhalten. Schaut der Reiter auf den Boden und kommt er mit

Pesade in den Herrenhäuser Gärten Hannover

dem Oberkörper vor die Senkrechte, erschwert er dem Pferd den Balanceakt.

Allmählich übernimmt der Reiter die Hilfen zur Pesade, indem er durch staccatoartige Zungenschnalzer sowie Treiben mit den Schenkeln bei gut anstehenden Zügeln ein vermehrtes Untertreten der Hinterbeine und ein Abheben der Vorderbeine vom Boden bewirkt.

Erst zum Landen gehen die Hände, die gerade bei den ersten Versuchen beruhigend am Widerrist anliegen, leicht vor, und das Pferd wird im Schritt aus der Pesade entlassen. Hat sich das Pferd nur ungenügend angestrengt, wird sofort wieder anpiaffiert und die nächste Pesade vorbereitet.

Der zu Fuß begleitende Ausbilder macht sich dabei allmählich entbehrlich. In der Anfangszeit kann er beruhigend wirken und bei Balanceschwierigkeiten des Pferdes durch leichten Anzug am Führzügel nach unten verhindern, daß das Pferd sich zu steil aufrichtet. Erfahrungsgemäß kann der Reiter nach richtiger Vorbereitung innerhalb kurzer Zeit Pesaden ohne Hilfe von unten ausführen.

Gelungene Pesaden bieten nicht nur einen außergewöhnlich schönen Anblick und gehören nicht nur zur Vorbereitung der Schulsprünge; mit ihnen kann – wie bereits erwähnt – die Aufwärtsaktion des Pferdes in der Piaffe verbessert werden. Auch diese Lektion ist also nicht nur Selbstzweck, sondern kann in mehrfacher Hinsicht Mittel zum Zweck sein.

▶ Levade

Das exakte Ausbalancieren auf der Stelle mit gut angezogenen Vorderbeinen hat einen höheren Stellenwert als das besonders lange Verharren in der Levade.

In der Levade zieht das tief in den Hanken gesetzte Pferd bei nur ganz geringer Anhebung des Rückens in einem Winkel von bis zu 35° zum Erdboden beide Vorderbeine gleichmäßig an. Die Hinterfüße treten zur Einleitung unter den Schwerpunkt und die Sprunggelenke nähern sich dabei dem Boden, so daß man bei außergewöhnlich guten Levadeuren den Eindruck bekommt, daß sie am Ende der Übung im Übergang zum Schritt oder zum Halten größer werden. Die ideale Levade erfordert damit ein sehr viel kräftigeres Pferd als die weniger gesetzte Pesade und kann nicht von jedem Pferd erwartet werden.

Qualitätsmerkmale sind neben den stark gewinkelten Hinterbeinen und der nur geringen Schräge des Rückens ein weiches, für den Reiter fast unmerkliches Abheben und gutes Anziehen der Vorderbeine ebenso wie ein weiches Auffußen der Vor-

Andalusierhengst Divertido in der Levade mit deutlich ausgeprägter Hankenbeugung

derbeine am Ende der Levade. Auch aus dieser Lektion sollte das Pferd vorwärts in den Schritt vorgelassen werden, damit dem unerwünschten Rückwärtskriechen vorgebeugt wird.

Das exakte Ausbalancieren auf der Stelle mit gut angezogenen Vorderbeinen hat einen höheren Stellenwert als das besonders lange Verharren in der Levade (über vier Sekunden und mehr), obwohl gerade eine lang ausgehaltene Levade sowohl für den Reiter als auch für die Zuschauer besonders faszinierend ist.

ENTWICKLUNG DER LEVADE

Die Levade wird an der Hand wie die Pesade aus einer tief gesetzten Piaffe, die letzten Tritte auf der Stelle, entwickelt. Wichtig ist gerade in der Anfangszeit, daß aus dem Halten heraus nur wenige Piaffetritte verlangt werden – mit zügigem Absenken der Gerte von der Kruppe bis zu den Fesselköpfen. Es muß gelingen, das Pferd zur Vorbereitung der Levade innerhalb dieser wenigen Piaffetritte optimal zu setzen, wenn es nicht schon vor dem Anziehen beider Vorderbeine erschöpft sein soll und damit die Gefahr besteht, daß es aus Angst vor der Anforderung mit nervösem Trippeln reagiert.

Über einen langen Zeitraum muß man sich damit begnügen, immer nur den Ansatz zur Levade zu üben. Das längere Üben des richtigen Ansatzes kräftigt das Pferd für das später gewünschte lange „Stehen“ in der Levade, das den Fachmann nur dann wirklich begeistert, wenn das Pferd nicht zurückkriecht und die Rückenlinie der Waagerechten angenähert bleibt. Wer zu früh zu viel verlangt, wird den gewünschten Erfolg nicht erreichen: Eine ideale Levade läßt sich nicht erzwingen!

LEVADE UNTER DEM REITER

Gelingt die Levade an der Hand, wird sie unter dem Reiter ähnlich vorbereitet wie die Pesade. Größeres Augenmerk ist dabei auf stärkeres Setzen der Hinterhand und auf eine nur flach ansteigende Rückenlinie zu legen. Die steilere Pesade ist also im Allgemeinen keine Vorstufe der Levade: Ein Pferd, das erst einmal gelernt hat, sich steil auf den Hinterbeinen zu erheben, bietet regelmäßig Schwierigkeiten, wenn ihm diese Möglichkeit genommen wird.

Der Balanceakt des Pferdes darf auf keinen Fall durch den Reiter gestört werden: Er legt zur Einleitung die Schenkel etwas zurück und achtet darauf, daß er während der gesamten Levade senkrecht sitzen bleibt, also mit dem Oberkörper weder vor – noch hinter die Senkrechte kommt.

Das Pferd wird dabei hinter dem Reiter kleiner und nähert sich vorn seinem Oberkörper leicht mit der Kopf-Hals-Partie. Dabei bleibt der Bereich des Pferderückens unter dem Gesäß des Reiters in weichem Schwingen annähernd in gleicher Höhe wie zuvor in der Piaffe und vermittelt ein unbeschreibliches Gefühl!

▸ Courbette

Die Courbette entsprechend den barocken Beschreibungen ist heute nur noch selten zu sehen. Die Lektion ist mit dem Ziel der Attraktivitätssteigerung weiterentwickelt worden.

Bei der Courbette, wie sie heute in Wien gezeigt wird, springt das Pferd mit angezogenen Vorderbeinen vorwärts und landet zunächst auf den Hinterbeinen. Ein routinierter Courbetteur kann so mehrere Sprünge ausführen, ohne mit den Vorderbeinen zu landen.

Die Courbette nach Saumurer Art ist ein Steigen, das in diesem Abschnitt nicht erörtert wird.

ENTWICKLUNG DER COURBETTE

Voraussetzung für die Courbette ist eine ausbalancierte Pesade. Daraus wird das Pferd zunächst an der Hand durch leichtes Touchieren an den Hinterbeinen oberhalb des Sprunggelenks zum Vorspringen aufgefordert. Vibrierende, leichte Zügelanzüge ermuntern das Pferd, mit der Vorhand in der Luft zu verharren, bis es mit den Hinterfüßen gelandet ist. Loben und belohnen!

Es empfiehlt sich, die Courbetten an der Hand zunächst zu

Courbette-Sprung gedehnt dargestellt

zweit zu üben und das Pferd mit einer Longe an der äußeren Seite des Kappzaums oder Zaumzeugs gerade zu halten und die Aufwärtstendenz der Vorhand zu unterstützen.

Hat das Pferd verstanden, daß es auf den Hinterbeinen einen Sprung vorwärts ausführen soll, kann sofort eine Pesade angeschlossen werden, um dem Pferd die Vorwärts-aufwärts-Tendenz zu vermitteln. Wenn diese Kombination auf leichte Hilfen gelingt, kann ein zweiter Absprung ohne zwischenzeitliches Landen angestrebt werden.

Das gelingt regelmäßig nur dann, wenn schon der erste nicht zu hoch und nicht zu raumgreifend ausgeführt wird: Nur wenn die Absprünge zwar energisch, aber kurz und flach ausgeführt werden, besteht die Chance, eine außergewöhnlich hohe Anzahl von Absprüngen hintereinander zu erreichen, ohne daß das Pferd mit der Vorhand landet. Die energische Ausführung der Sprünge suggeriert dem unbefangenen Betrachter, daß sie auch hoch und weit angelegt sind.

Von diesem Irrtum muß sich aber der Ausbilder frei machen, der eine Vielzahl von Absprüngen anstrebt.

Vier Absprünge sind bereits eine außergewöhnliche Leistung, nur ganz wenige Pferde sind in der Lage, nach und nach deutlich mehr Absprünge auszuführen.

Für den Aufbau der Ausbildung ist jedoch zu bedenken, daß die Anzahl der Absprünge nicht das einzige Qualitätsmerkmal

Friesenhengst Nardo im Absprung zur Courbette

der Courbette ist. Die Lektion sollte vielmehr so harmonisch sein, daß sie auch für den aufgesessenen Reiter kein Sicherheitsrisiko darstellt. Insbesondere ist darauf zu achten, daß die Rückenlinie des Pferdes in der Courbette nicht so steil wird, daß das Pferd die Tendenz bekommt, sich zu überschlagen. Der Überschlag in der Courbette („la courbette retournée") mag zwar die reizvollste Aufgabe für einige hervorragende Stuntmen sein, gehört aber nicht zum Bereich der klassischen Reiterei.

COURBETTE UNTER DEM REITER

Unter Sicherheits- und Ästhetikaspekten ist bei der Courbette insbesondere unter dem Reiter darauf zu achten, daß sich das Pferd gut ausbalanciert und nicht ungeregelt vorwärts stürmt.

Der Reiter läßt dazu sein Pferd aus der Pesade durch verstärkte treibende Hilfen – zunächst mit Unterstützung vom Boden – in die Courbette abspringen und verzögert mit weichen, aber deutlichen Paraden ein Landen der Vorhand. Wer aufgesessen mehrere Absprünge hintereinander zeigen will, sollte sein Pferd zwischen den Sprüngen immer wieder in der Pesade verharren lassen. Ein besonders beeindruckendes Beispiel bot dafür der erste Oberbereiter der Spanischen Reitschule Wien Ignaz Lauscha auf seinem braunen Lipizzanerhengst Siglavy Flora, dessen jeweils vierten Absprung er als Pesade aushielt, um die Sprungfolge bis zum zwölften Absprung ohne Landen mit den Vorderbeinen fortzusetzen.

Bei aller Freude an solchen außergewöhnlichen Leistungen

Friesenhengst Nardo in der Courbette

ist jedoch zu bedenken, daß sie nur mit besonders talentierten und kräftigen Pferden anzustreben sind, wenn sie nicht ruinös wirken sollen.

Capriole

Bei der Capriole springt das Pferd aus einer Hebung der Vorhand in die Luft, schlägt dabei mit den Hinterbeinen aus – es „streicht“ – und landet annähernd gleichzeitig wieder auf allen vier Beinen.

Auch bei schwierigen Lektionen ist eine zwanglose Ausführung anzustreben: Maggie in der Courbette.

Geeignet dafür sind kräftige, ausgeglichene Pferde, die in der Piaffe und Pesade gut regulierbar sind und die Neigung erkennen lassen, auf einen Knall mit der Peitschenschnur oder Touchieren mit der Gerte an der Kruppe mit den Hinterbeinen auszuschlagen.

Eine an der Hand oder unter dem Reiter richtig ausgeführte Capriole hat ähnlich wie das Freispringen einen lösenden Effekt – für fortge-

Vorbereitung auf die Capriole

schrittene Reiter, die nicht nur „ausgefahrenen Gleisen" verhaftet sind, ein besonders reizvolles Ziel auf dem Weg zum Lösen und Versammeln!

Bei aller Konzentration auf technische Feinheiten ist auch bei dieser schwierigen Lektion auf Leichtigkeit zu achten.

Als herausragendes Vorbild ist insofern der jetzige 1. Oberbereiter der Spanischen Reitschule Wien Arthur Kottas-Heldenberg mit seinem „Jahrhundertcaprioleur" Conversano Valdamora zu nennen, der aus perfekten Capriolen auf der Diagonalen in der Passage landete und die Linie in dieser Gangart fortsetzte. Pferd und Reiter strahlten damit die in Spannung gehaltene Harmonie eines Kunstwerkes aus, das von den Zuschauern mit ganz unterschiedlicher Betrachtungsweise begeistert aufgenommen wurde. Der Gedanke an solche Leistungen mag talentierte Reiter dazu ermutigen, nicht nur in der Bewunderung zu verharren, sondern sie als Herausforderung aufzufassen, die Elemente der klassischen Reiterei immer wieder neu zu beleben!

ENTWICKLUNG DER CAPRIOLE

An der Hand sollte das Pferd zunächst mit tief gestelltem Kopf zum Ausschlagen gebracht werden. Ein Helfer führt dabei das in der Regel ausgebundene Pferd am Kopf. Der in genügend großem Abstand mit der Gerte treibende Ausbilder läßt zusätzlich eine Longe über den Widerrist in den äußeren Kappzaum oder Trensenring laufen.

Gelingt das Ausschlagen auf feine Einwirkungen, kann das Pferd aus der Piaffe oder dem verkürzten Galopp zu einem Courbettesprung aufgefordert werden und durch einen kleinen Peit-

Capriole: Das Ausschlagen, Moment vor dem Streichen und das Streichen

schenknall oder durch Berühren der Kruppe mit der Touchierpeitsche das Streichen verlangt werden.

Gerade in der Anfangszeit kommt es darauf an, sich mit wenigem zu begnügen und viel zu loben, auch wenn das Ergebnis noch nicht perfekt ist.

Schwierig ist, das Streichen des Pferdes im richtigen Moment zu bewirken: Kommt die Hilfe zu früh, streicht manches Pferd gar nicht, sondern springt nur vorwärts; kommt sie zu spät, streicht das Pferd erst, wenn oder nachdem es bereits mit den Vorderfüßen gelandet ist.

Damit das Pferd nicht unnötig Kraft in die falsche Richtung entfaltet, sollte man vermeiden, daß es sich langsam zur Pesade erhebt und sich darin ausbalanciert, weil dann regelmäßig zu wenig Energie für den gewünschten Sprung verfügbar bleibt.

Das Pferd sollte vielmehr dazu gebracht werden, aus der vorbereitenden Bewegung durch Zungenschnalzer und Anzug am äußeren Zügel zügig abzuspringen, weil sich so die Erfolgschancen für das Streichen noch in der Aufwärtsbewegung erhöhen.

CAPRIOLE UNTER DEM REITER

Nur ein Pferd, das früh genug streicht, vermittelt später dem Reiter ein angenehmes Sitzgefühl: Streicht es zu spät und landet es erst auf den Vorderbeinen und deutlich später auf den Hinterbeinen, ist das jedesmal ein Härtetest für den Reiter.

Anfangs sollte er sich wie bei den anderen Schulen über der Erde von unten helfen lassen: Aus der Piaffe oder dem verkürzten Galopp ist der Oberkörper etwas zurückzunehmen und damit

das Pferd in eine verstärkte Zügelanlehnung zu treiben. Zusammen mit aufmunternden Zungenschnalzern wird die Erhebung der Vorhand eingeleitet. Ein Wackelkontakt könnte dagegen bewirken, daß sich das Pferd verhält und mit der Vorhand am Boden bleibt.

Durch festes Schließen der Beine wird der Absprung bewirkt. Die Hilfe zum Streichen wird anfangs mit der Touchierpeitsche vom Boden aus gegeben. Der zu Fuß mitgehende Ausbilder kann aus seiner Position heraus anfangs den richtigen Moment für die Hilfe besser einschätzen, die das Pferd durch die Arbeit an der Hand bereits kennt und die es ohne zu zögern umsetzt. Später übernimmt in der Folge der Reiter mit der Gerte diese Hilfe zum Ausschlagen.

Es gibt Pferde, die dabei die Tendenz entwickeln, nur auf der Seite zu streichen, an der sie mit der Gerte berührt werden, und an der anderen Seite das Hinterbein hängen zu lassen. Sie können korrigiert werden, indem man übergangsweise mit zwei Gerten reitet und die Hilfe zum Streichen abwechselnd mal auf der rechten Seite und bei der nächsten Capriole auf der linken Seite gibt. Der Eifer des Pferdes hinsichtlich des Ausschlagens wird auf diese Weise erhöht.

Barbie Jung mit ihrem Lipizzanerhengst Favory X Capra in der Capriole in einer Vorstellung in den Herrenhäuser Gärten Hannover.

Nachwort

RAUS AUS EINGEFAHRENEN GLEISEN!

Immer wieder sagen mir Reiter im Unterricht und bei Vorführungen, meine Arbeitsweise sei für sie neu. So kann das Video in Ergänzung zum vorliegenden Buch eine Auslegungshilfe für Leserinnen und Leser sein, die die praktische Arbeit noch nicht gesehen haben und die bei der Ausbildung ihrer Pferde neue Wege einschlagen wollen.

Das Video zeigt nicht immer die ideale Ausführung bestimmter Lektionen, sondern lenkt den Blick auf Schwierigkeiten im Umgang mit dem Pferd und mögliche Problemlösungsansätze. Nicht jeder dieser Ansätze wird für jeden Leser praktisch umsetzbar sein.

Videofilm und Buch mögen aber zu der Verbreitung der Erkenntnis beitragen, daß innerhalb des Systems der klassischen Reiterei, abhängig von den Eigenschaften des Ausbilders und des Pferdes, unterschiedliche Methoden zum Erfolg führen können, deren Anwendbarkeit jeder Ausbilder zunächst einmal vorurteilsfrei prüfen sollte – im eigenen Interesse und dem des Pferdes.

Moment aus der Capriole.

Eine Auswahl zum Weiterlesen

Ackerl, Franz; Lehmann, Arthur-Heinz: Die edlen Lipizzaner, Weimar 1942

Albrecht, Kurt: Ausbildungshilfen für Pferd und Reiter, München 1992

Albrecht, Kurt: Reiterwissen erlesen und erfahren, Stuttgart 1996

Baucher, François: Methoden der Reitkunst nach neuen Grundsätzen, Hildesheim 1978 (Nachdruck der Ausgabe von Stockerau 1884)

Becher, Rolf: Erfolg mit Longe, Hilfszügeln und Gebiß, Cham 1994

H. Dv. 12, Reitvorschrift, Herford 1983 (Nachdruck der Ausgabe von Berlin 1937)

Hinrichs, Richard: Tänzer an leichter Hand, Reiten mit unsichtbaren Hilfen, Wedemark 1994

Holleuffer, B. H. von: Die Bearbeitung des Reit- und Kutschpferdes in den Pilaren, Hildesheim 1985 (Nachdruck der 2. Auflage Hannover und Leipzig 1896)

Guérinière, de la F. R.: Ecole de Cavalerie, Hildesheim 1997

Guérinière, de la F. R.: Reitkunst..., Hildesheim 1998 (4. Nachdruck der Ausgabe von Marburg 1817)

Kapitzke, Gerhard: Barocke Pferde, Stuttgart 1997

Karl, Philippe: Hohe Schule mit der Doppellonge, Präsentiert von einem Reiter des Cadre Noir in Saumur, München 1996

Klimke, Reiner; Klimke, Ingrid: Cavaletti, Dressur und Springen, Stuttgart 1997

Oliveira, Nuno: Klassische Grundsätze der Kunst Pferde auszubilden, Hildesheim 1996

Oliveira, Nuno: Junge Reiter - Junge Pferde, Hildesheim 1996

Penquitt, Nathalie: Nathalie Penquitts Pferdeschule, Zauber der Verständigung, Stuttgart 1996

Podhajsky, Alois: Die klassische Reitkunst, Reitlehre von den Anfängen bis zur Vollendung, Stuttgart 1998

Schirg, Dr. Berthold: Die Reitkunst im Spiegel ihrer Meister Band 2, Hildesheim 1992

Register

Mit 100 Fotos und 32 Zeichnungen von Gerhard Kapitzke sowie einer Zeichnung von Heinz-Peter Brust (S. 34), ein s/w-Foto von Ursula Bruns (S. 147), ein Farbfoto von Marian Forrer (S. 111), vier Farbfotos von Guido Giffels (S. 87, S. 93 u., S. 150, S. 151 o.),ein Farbfoto von Gabriele Kottlorz (S. 103 links), ein Farbfoto von Jeanine Krämer (S. 4 u. S. 14/15), ein Farbfoto von Sabine Küpper (S. 102), ein Farbfoto von Nicole Sachs (S. 154) und vier Farbfotos von Walburga Schmidt (S. 11, S. 143, S. 151 u., S. 152 o.).

Umschlaggestaltung von Atelier Reichert, Stuttgart, unter Verwendung von drei Farbfotos von Gerhard Kapitzke, Hannover.

Kosmos Verlag
Mitglied in der

Deutsche Vereinigung zum
Schutz des Pferdes e.V.
Wienkamp 11 rechts
46354 Südlohn

Die deutsche Bibliothek - CIP Einheitsaufnahme

Hinrichs, Richard:
Pferde schulen an der Hand / Richard Hinrichs. -
Stuttgart: Kosmos, 1999
ISBN 3-440-07750-0

ISBN 3-440-07750-0
Grundlayout: Friedhelm Steinen-Broo, eStudio Calamar
Gestalterische Umsetzung: Guido Schlaich, München
Lektorat: Gudrun Braun
Printed in Germany / Imprimé en Allemagne
Satz und Herstellung: Die Herstellung, Stuttgart
Repro: Omnia Scanners, Mailand
Druck und buchbinderische Verarbeitung:
Westermann Druck Zwickau GmbH, Zwickau